Wolfgang Hertling

Kochen mit Hirse

Wolfgang Hertling

Kochen mit Hirse

Vegetarische Gerichte

ISBN: 3-89566-130-9
Überarbeitete Neuausgabe
© 1997: pala-verlag, Rheinstr. 37, 64283 Darmstadt
Alle Rechte vorbehalten
Lektorat: Barbara Reis
Umschlaggestaltung: Michaela Mainx
Umschlagillustration: Margret Schneevoigt
Illustrationen: Anne Donath
Druck: Fuldaer Verlagsanstalt

Inhalt

Hirſe, franz. mil oder millet, engl. millet, lat. Panicum. Eine aus Indien ſtammende Getreide- oder Grasart mit ſchilfartigem, ſtarkem, 60—90 Centimeter hohem Stengel, feinhaarigen Blättern und einer ausgebreiteten Samenriſpe, mit kleinen runden weißen, gelben oder grauen, mit bräunlichgrauer Schale umgebenen Samenkörnern, welche als geſundes Nahrungsmittel benützt werden; es giebt auch Abarten mit weißen, goldgelben oder ſchwarzen Körnerſchalen, in denen jedoch ſtets gelbe Körner enthalten ſind. Hirſe verlangt einen ſehr fetten, trockenen, warmen und lockeren Boden und reichliche Düngung, ſie gedeiht in warmem Klima auch vortrefflich in Sandboden; man ſäet ſie Ende April, ſie blüht im Juli und reift im Auguſt, wo man ſie behutſam ſchneidet, in Garben bindet und ſofort in die Scheuern ſchafft, um ſie auszudreſchen; das Stroh iſt dann noch völlig grün und muß an der Luft getrocknet werden, wonach man es als Viehfutter benützt; die Hirſekörner werden auf beſonderen Mühlgängen oder Handmühlen enthülſt. Am meiſten angebaut werden die weiße Rispen- oder Quaſthirſe, die gelbe Kolbenhirſe, die Bluthirſe, die große gelbe, die kleine graue und die violette Hirſe; die beſſeren Sorten dienen in verſchiedener Zubereitungsarten als Speiſe, namentlich für Landleute und die arbeitenden Claſſen, da Hirſe zwar ſehr nahrhaft iſt, aber auch ein gutes Verdauungsvermögen erfordert; die geringeren, kleinkörnigen Arten benützt man zur Auffütterung von jungem Federvieh. Die bei dem Enthülſen erzeugten Abgänge ſowie das zu Häckſel geſchnittene Stroh geben ein treffliches Viehfutter für Rindvieh, auch liefert die Saat ein ſehr gutes Grünfutter.

Universal-Wörterbuch der Kochkunst,
Verlagsbuchhandlung Weber,
Leipzig 1893

Warum Hirse?

Die Hirse hat in den letzten Jahren eine Renaissance erlebt. Das Getreide, das bis weit in die Achtziger Jahre dieses Jahrhunderts fast in Vergessenheit geraten war und vielfach nur noch als Vogelfutter genutzt wurde, hat wieder seinen Platz in den Regalen der Naturkostläden, Reformhäuser und auch vieler Supermärkte gefunden. Durch den Trend zu einer vollwertigeren und gesünderen Ernährung hat sie durch die Naturkostbewegung wieder Einzug in die Küchen gehalten. Kochen und Backen mit Hirse bietet schließlich viele abwechslungsreiche Alternative zu anderen Getreidesorten.

Für die Welternährung, vor allem in den Ländern der »Dritten Welt«, spielt Hirse nach wie vor eine große Rolle.

Am Beispiel der Hirse als Nahrungsmittel läßt sich sehr gut aufzeigen, wie eng unsere Ernährung mit den aktuellen Umwelt- und Ernährungsproblemen der Welt in Beziehung steht. Hirse wird heute in Mitteleuropa kaum mehr als einheimisches Lebensmittel betrachtet, was nahelegen könnte, daß sie nicht in unseren Speiseplan paßt. Doch noch vor 200 Jahren gehörte die Hirse zu den wichtigsten einheimischen Getreidearten, während beispielsweise Kartoffeln oder Mais bei weitem nicht die Rolle spielten, die sie heute innehaben. Und wer käme heute noch auf die Idee, die Kartoffel als ein nicht-einheimisches Gewächs zu bezeichnen?

Betrachtet man historische Darstellungen über Nutzpflanzen, die früher bei uns angebaut wurden und heute »ausgestorben« sind, so fällt auf, daß noch weitere Pflanzen das Schicksal der Hirse, zeitweilig in Vergessenheit zu geraten, teilen, nun aber durch die Naturkostbewegung wieder zu neuen Ehren kommen: der Dinkel, der Buchweizen, die Kichererbse, die Leinsaat, um nur einige zu nennen.

Dabei handelt es sich bei der Renaissance dieser Pflanzen nicht nur um Nostalgie – es ist lohnend, sich einmal näher mit den Gründen für ihr Verschwinden und für ihre neue Aktualität zu beschäftigen.

Kaum eine dieser Nahrungspflanzen wurde aus reinen Geschmackserwägungen nicht mehr angebaut. Immer wurden sie von anderen Arten verdrängt, deren Anbau unter den herrschenden Bedingungen ökonomisch lohnender erschien, die also ertragreicher waren. Daß solche Ertragssteigerungen meist mit erhöhtem Energie-, Dünger- und Gifteinsatz verbunden waren, ließ man zunächst außer acht. Die Ressourcen schienen unerschöpflich, und die Problematik der Umweltverschmutzung war noch kaum bekannt. Heute wird in unseren Breiten einerseits die landwirtschaftliche Überproduktion zum Problem, andererseits wird mittlerweile deutlich, daß die Natur den Raubbau an den Böden und anderen Ressourcen nicht mehr mitmacht und sich mit Wald- und Gewässersterben gegen ihre Ausbeutung wehrt. Deshalb kann die Ertragssteigerung nicht mehr die einzige Maxime der Landwirtschaft sein, und bei der Untersuchung der Gesamtenergiebilanz des Getreideanbaus schneidet die Hirse gegenüber den anderen »Hochertrags-Getreidesorten« erheblich besser ab.

Auch in den Ländern der »Dritten Welt« ist die Hirse mittlerweile vielfach in Gefahr, von ertragreicheren Getreidearten wie Gerste oder Weizen verdrängt zu werden.

Die Rezepte in diesem Buch sind alle vegetarisch und fast alle relativ einfach. Hirse paßt kaum in eine »nouvelle cuisine«, sie war in ihrer langen Geschichte meist ein Nahrungsmittel der einfachen Leute. Aufwendige Rezepte mit endlosen exotischen Zutatenlisten passen nur schlecht zu diesem Getreide.

Hier ist ein letzter Punkt, an dem wir über die Zusammenhänge zwischen unserer Ernährung und unserer Kultur nachdenken sollten. In der Literatur ist immer wieder davon die Rede, daß Hirse die Nahrung der armen und friedlichen Bevölkerung ist und daß andere Getreide wie beispielsweise die Gerste die »Nahrung der Krieger und Soldaten« oder der Eroberer sind.

Sicherlich wäre es überzogen, einen direkten Zusammenhang zwischen der Ernährung mit Hirse und dem Frieden in der Welt herzustellen, aber es ist sicherlich lohnend, sich einmal Gedanken über die Zusammenhänge zwischen Umstellungen in der Ernährung ganzer Völker und politischen und kulturellen Umwälzungen zu machen.

Die Geschichte

»Die Getreidesorten des Menschen sind alle Brüder, von denen mancher Jahrtausende unbeschränkt geherrscht hat. (...) der älteste Bruder dürfte wahrscheinlich ›Vater Hirse‹ gewesen sein, der lange vor der Erfindung des Pfluges die Menschen und ihre Götter ernährte. Ein höflicher, breigesichtiger Greis, der die Kälte eigentlich nicht liebte, aber ausdauernd und geduldig die Völker begleitete, die ihn liebten. Es waren niemals reiche Völker und auch keine kriegerischen Völker, bei denen Urvater Hirse lebte. Die mongolischen und kirgisischen Nomaden Zentral-Asiens sind noch heute hirseliebend. In China treffen wir Hirsebau um 2800 v. Chr. Nach Indien, wo man in der Urzeit vielleicht die meiste Hirse aß, kam eines Tages die arische Herrenrasse und dekretierte: das könne nicht gut sein, was die Unterworfenen äßen. Die Arier brachten ihr eigenes Korn mit: Djavas, die Gerste. So kam es zu einem Geschmackskrieg, in dem für Soldaten und kräftige Männer Djavas, die Gerste, Sieger wurde.«

aus: 6000 Jahre Brot *von Heinrich Eduard Jacob*

Die Beschreibung der Verdrängung der Hirse in Indien durch andere Getreide – und die Interessen der Mächtigen – ist bezeichnend für das Schicksal dieses Getreides. Noch öfter in der Geschichte mußte die Hirse anderen Nahrungspflanzen weichen, bei uns zuletzt dem Mais und der Kartoffel. Neben den wohl ältesten archäologischen Hirsefunden in Zentralasien gibt es auch in Deutschland Funde, die belegen, daß die Hirse zusammen mit Gerste und dem ebenfalls in Vergessenheit geratenen Emmer und Einkorn zu den ältesten angebauten Getreidearten gehört.

Die ältesten deutschen Funde stammen aus der Zeit um 5000 v. Chr. und sind im Osten Deutschlands gemacht worden. Andere Fundorte liegen im nördlichen Voralpenland. Allerdings war in dieser Zeit die Bedeutung der Hirse vermutlich noch gering und auf wenige Orte begrenzt. Doch in der Folgezeit breitete sich die Hirse in Deutschland zunehmend aus, und die archäologischen Funde, die das Vorkommen von Hirse nachweisen, mehren sich. In der vorrömischen Eisenzeit wurde Hirse in ganz Europa angebaut, in Südeuropa war es überwiegend Kolbenhirse, in Mittel-, Nord- und Osteuropa Rispenhirse.

Eine erste Abwärtstendenz erfuhr der Hirseanbau in den ersten Jahrhunderten unserer Zeitrechnung. Die Hirse mußte auch in Europa dem zunehmenden Gerstenanbau weichen. Im Mittelalter wurde die Hirse in den Osten Deutschlands zurückgedrängt, wo die sumpfigen, sandigen Böden sich für ihren Anbau besonders eigneten. Für die ärmere Bevölkerung in Deutschland war jedoch noch im 18. Jahrhundert Hirse eines der Hauptnahrungsmittel. Aber dann wurden die goldenen Körnchen immer mehr verdrängt. Kartoffeln und Mais wurden die Hauptkonkurrenten auf dem Acker. Die Anspruchslosigkeit der Hirse wurde mit der Modernisierung der Landwirtschaft bedeutungslos, und die Probleme, die der Anbau machte, traten deutlicher in den Vordergrund: Die Hirsepflanzen sind zwar anpassungsfähig, aber dennoch nicht ganz einfach anzubauen, da die Körner am Halm nicht gleichmäßig ausreifen. Das erschwert die Ernte und kann zu großen Verlusten führen.

Mit anderen, modernen Kulturpflanzen ließ sich einfacher wirtschaften. Die Hirse ereilte daher ein ähnliches Schicksal wie Buchweizen und Dinkel oder auch Hülsenfrüchte, wie z. B. Linsen: Sie verschwanden immer mehr von den Äckern. Gleichzeitig änderten sich auch die Lebens- und Eßgewohnheiten. Getreide wurde immer rarer auf dem Speiseplan, Hafer- und Hirsebrei wurden von Weizen- und Roggenbrot abgelöst.

Geschichten von der Hirse

Aus den deutschen Küchen war die Hirse lange Zeit weitestgehend verschwunden und erfreut sich erst seit einigen Jahren wieder wachsender Beliebtheit. Überlebt hat sie aber in unseren Märchen. Diese zeugen davon, welche Bedeutung die Hirse früher einmal bei uns hatte. Daß sie allerdings auch hier nicht ganz der Gefahr der Verdrängung entgehen konnte, zeigt eine der wichtigsten »Märchen-Fundstellen«, die Geschichte vom »Schlaraffenland«.

Das Schlauraffen Landt

Ain gegent haist Schlauraffen land,
Den faulen leuten wol bekant,
Das ligt drey meyl hinder Weyhnachten.
Und welcher darein wölle trachten,
Der muß sich grosser ding vermessn
Und durch ein Berg mit Hirßbrey essn,
Der ist wol dreyer Meylen dick.
Als dann ist er im augenblick
Inn den selbing Schlauraffen Landt,
Da aller Reychthumb ist bekant.
Da sind die Heuser deckt mit Fladn,
Leckuchen die Haußthür und ladn,
Von Speckuchen Dielen und wend,
Die Tröm von Schweynen braten send.
Umb yedes Hauß so ist ein Zaun,
Geflochten von Bratwürsten braun.

...

Während in dieser, der wohl ältesten Version der Geschichte vom Schlaraffenland von Hans Sachs (1494 – 1576) noch von einem »Berg mit Hirßbrey« die Rede ist, durch den man sich durchessen muß, um das Schlaraffenland zu erreichen, ist in der heute überlieferten Fassung der Märchen von Ludwig Bechstein (1801 – 1860) aus dem Hirsebrei »Reisbrei« geworden.

Offen ist die Interpretation dieser Schlaraffenlandgeschichte. Ist die Mauer aus Hirsebrei schon Teil des Überflusses, des unbegrenzten Genußes des Schlaraffenlands? Wohl eher steht sie für Mühsal und Arbeit, die vor das Erreichen des unbegrenzten Wohlstands gesetzt sind. Einmal mehr zeigt sich die geringe Wertschätzung dieses Getreides.

Klarer ist da schon das Märchen der Gebrüder Grimm vom süßen Brei. Hier ist die Hirse die Speise der Armen, die Nahrung des einfachen Volkes, aber auch der Ausweg aus Armut und Hunger.

Das Märchen vom süßen Brei

Es war einmal ein armes frommes Mädchen, das lebte mit seiner Mutter allein, und sie hatten nichts mehr zu essen. Da ging das Kind hinaus in den Wald, und begegnete ihm da eine alte Frau, die wußte seinen Jammer schon und schenkte ihm ein Töpfchen, zu dem sollt' es sagen: »Töpfchen, koche«, so kochte es guten süßen Hirsenbrei, und wenn es sagte: »Töpfchen, steh«, so hörte es wieder auf zu kochen. Das Mädchen brachte den Topf seiner Mutter heim, und nun waren sie ihrer Armut und ihres Hungers ledig und aßen süßen Brei, sooft sie wollten. Auf eine Zeit war das Mädchen ausgegangen, da sprach die Mutter: »Töpf-

chen, koche«, da kocht es, und sie ißt sich satt; nun will sie, daß das Töpfchen wieder aufhören soll, aber sie weiß das Wort nicht. Also kocht es fort, und der Brei steigt über den Rand hinaus und kocht immer zu, die Küche und das ganze Haus voll, und das zweite Haus und dann die Straße, als wollt's die ganze Welt satt machen, und ist die größte Not, und kein Mensch weiß sich zu helfen. Endlich, wie nur noch ein einziges Haus übrig ist, da kommt das Kind heim und spricht nur: »Töpfchen, steh«, da steht es und hört auf zu kochen; und wer wieder in die Stadt wollte, der mußte sich durchessen.

Zum Schluß noch ein Loblied auf die Hirse, das Eingang in die »große Literatur« gefunden hat, aus »Joseph und seine Brüder« von Thomas Mann:

»Da ist die Frage nun die und geht deinem Knecht im Kopfe herum als Anschlag der Neuerung, ob wir nicht auf Potiphars Äckern, nämlich der Insel im Fluß, viel mehr Durrakorn bauen sollten anstatt der Gerste, als wie bis jetzt: ich meine die Mohrenhirse, das Negerkorn, ich meine das weiße; denn braune Durra haben wir schon reichlich gebaut zum Viehfutter, und sie sättigt die Rosse und schlägt an den Rindern, aber die Frage der Neuerung ist, ob wir uns nicht in erhöhtem Maß auf die weiße verlegen sollten und große Flächen damit bestellen zur Menschenverköstigung, daß das Hofvolk sich von der guten Brotfrucht nähre, statt mit Gersten- und Linsenbrei, und sich dienlich erkräftige. Denn überaus mehlreich ist der Kern ihrer Spelzen, und das Fett der Erde ist bei ihrer Frucht, so daß die Arbeiter weniger davon brauchen denn von Gerste und Linsen und wir sie sättigen schneller und besser.«

Hirse ist nicht gleich Hirse

Der Sammelbegriff »Hirse« steht für verschiedene Gräser-
arten *(Gramnieae)* aus der Gattung der Süßgräser, die wie-
derum in vielen verschiedenen Sorten erhältlich sind. Sie
unterscheiden sich in Größe, Wuchs und Statur, mal sehen
die zarten Pflanzen wie Gräser aus, mal ähneln sie Mais-
pflanzen und werden zwei bis vier Meter hoch. Sie werden
in zwei Gruppen aufgeteilt: die kleinsamigen **Millet-Hir-
sen** und die großsamigen **Sorghum-Hirsen**.

Bei uns als Speisehirse bekannt ist die **Rispenhirse** *(Panicum miliaceum)*. Sie wird heute noch in den Donaulän-
dern, im Mittelmeerraum, in den USA, in den Ländern der
ehemaligen Sowjetunion und vor allem in China angebaut.
Die Pflanze wird 50 – 80 cm hoch. Die kleinen Hirsesamen
sitzen an lockeren, oft überhängenden großen Rispen. Der
Wuchs ähnelt ein wenig dem des Hafers. Mindestens drei
verschiedene Sorten wurden in Deutschland früher angebaut.

Die **Borsten-** oder **Kolbenhirse** *(Setaria italica)* hat sehr
kleine Körner, die in einem kolbenförmigen Fruchtstand
wachsen. Eine Pflanze kann bis zu 5000 Körnchen hervor-
bringen. Von dieser Art wurden in Deutschland früher ebenfalls verschiedene Unterarten angebaut. Von den Äckern ist
sie ebenso verschwunden wie aus den Speise- und Futter-
kammern. Aber als importiertes Vogelfutter hat sie die Jahre überlebt.

Die **Perlhirse** *(Pennisetum glaucum)* stammt aus Afrika.
Die äußerst robuste und ertragreiche Pflanze kann bis zu
vier Meter hoch werden. Da die Pflanzen mit wenig Wasser zufrieden sind, ist der Anbau selbst in Trockengebieten

am Rande der Sahara möglich. Der Fruchtstand ist dem eines Maiskolbens ähnlich, der Kolben ist jedoch mit hunderten kleinen, perlähnlichen Körnchen besetzt. Perlhirse hat einen höheren Fett- und Eiweißgehalt als andere Hirsearten.

Teff *(Eragrostis tef)*, auch **Zwerghirse** genannt, ist das wichtigste Getreide Äthiopiens. Die Zwerghirse braucht relativ viel Feuchtigkeit, wächst aber auch noch in Höhen bis zu 2500 Metern. An den langen, lockeren Rispen dieser Hirseart sitzen kleine Ährchen, die winzig kleine Körner von nur ein bis zwei Millimetern Länge beherbergen. Im Unterschied zu anderen Hirsearten besitzt Zwerghirse Klebereiweiß und läßt sich gut zu Brot verbacken.

Sorghum, das oftmals als eigenständiges Getreide genannt wird, umfaßt eine formenreiche Gruppe von großkörnigen Hirsearten, die vornehmlich in tropischen und subtropischen Regionen Afrikas und Asiens, neuerdings auch in Amerika, kultiviert werden. Vom Wuchs dem Mais ganz ähnlich, kann Sorghum zwei bis vier Meter hoch werden. Allein die Fruchtstände, in Form von kompakten Rispen, können eine Länge von einem halben Meter erreichen. Bei diesen Hirsearten wurden verschiedene Hybridsorten entwickelt, die auf die Bedingungen der Intensivlandwirtschaft zugeschnitten sind. Daraus erklärt sich auch die Bedeutung in den USA. Europäische Anbauländer sind die Mittelmeerländer, Ungarn und Rumänien. In Afrika dient Sorghum vor allem als Lebensmittel und auch als Rohstoff für Bier. In den USA und Europa werden die Körner dagegen fast ausschließlich verfüttert oder in Einzelbestandteile wie Stärke und Öl zerlegt.

Gemeinsam ist allen Hirsearten, daß sie äußerst anspruchslos sind und auch auf trockenen, sandigen Böden gut gedeihen. Dieser Umstand, dem sie ihre Bedeutung für die Ernährung in weiten Teilen der »Dritten Welt« verdankt, hat bei uns an Relevanz verloren. Durch die Anwendung von Kunstdüngern, durch Bewässerung und durch die Züchtung von ertragreichen anderen Getreidearten sind die Hirsearten in unserer Landwirtschaft völlig verdrängt worden.

Anbau – nicht mehr zeitgemäß?

Von den »einheimischen« Getreidearten ist Hirse die am wenigsten bekannte. Schon lange haben ihr bei uns Weizen, Gerste, Roggen, Hafer, Mais und der importierte Reis den Rang abgelaufen. Nur der Dinkel und das Knöterichgewächs Buchweizen teilen ihr Schicksal; auch sie sind den modernen Anbaumethoden zum Opfer gefallen. Die zunehmende Mechanisierung in der Landwirtschaft, die Entwicklung von mineralischen Düngern und Pestiziden und die Züchtung neuer Sorten veränderten Zug um Zug die Agrarlandschaft. Der Standortvorteil der Hirse wurde damit bedeutungslos; andere Kulturpflanzen waren einfacher anzubauen.

Die Hirse ist eines der anspruchslosesten Getreide, sie wächst auch bei ungünstigen Boden- und Klimabedingungen, hat allerdings einen ausgesprochenen Wärmebedarf. Gegenüber niedrigen Temperaturen ist sie sehr empfindlich. In Deutschland erfolgte früher die Aussaat der Hirse Mitte Mai (nach den letzten Frösten), die Ernte im August oder September. Die wenigen Monate, die die Pflanze zum Wachsen braucht, müssen warm genug sein und möglichst viele Sonnentage haben. Bei zuviel Regen sind die Körner bei der Ernte noch zu feucht und werden leicht muffig. Die Pflege ist relativ aufwendig. Wie bei Hackfrüchten muß der Boden zwei- bis dreimal gelockert werden. In bezug auf Düngung und Bewässerung ist die Hirse eher genügsam.

Weltweit betrachtet ist Hirse nach wie vor eine wichtige Kulturpflanze. Die verschiedenen Hirsearten belegen insgesamt mit 110 Millionen Hektar Anbaufläche den vierten Rang hinter Weizen, Reis und Mais.

Getreide	Anbaufläche in %	Ertrag Mio t	Ertrag t/ha
Weizen	32,7	595	1,4
Reis	20,6	518	2,3
Mais	18,3	475	2,5
Gerste	10,1	180	1,8
Hirse	11,6	88	0,8
Hafer	3,1	43	1,7
Roggen	2,3	37	1,5

**Anbaufläche und mengenmäßige Erträge
verschiedener Getreidearten (Stand 1990)**

Ein Blick auf die Erträge macht deutlich, warum Hirse in der heutigen Zeit einen schweren Stand hat: Sie wird von Mais und Gerste überrundet und bringt pro Hektar Anbaufläche von allen Getreidearten den geringsten Ertrag.

Doch im gleichen Maße, in dem die Schattenseiten der modernen Landwirtschaft immer deutlicher zu Tage treten, werden auch wieder die »alten« Nahrungspflanzen interessant. Der Hochertragsanbau von Mais oder Weizen ist nur mit einem hohen Verbrauch an natürlichen Ressourcen möglich. Kunstdünger und Pestizide werden bereits mit großem Aufwand produziert und belasten Trinkwasser und Böden. Rückstände finden sich in pflanzlichen Lebensmitteln und reichern sich über die Nahrungskette in tierischen Produkten an.

Wer Wert auf qualitativ hochwertige Lebensmittel legt und nach kontrolliert biologisch angebauter Ware Ausschau hält, wird feststellen, daß Bio-Hirse überwiegend in den USA nach den Richtlinien der *Organisation Farm Verified Organic (FVO)* angebaut wird. In den USA kann auf großen Anbauflächen produziert werden, die Klimabedingungen sind optimal, und der Anbau ist üblicher als in europäischen Ländern. Der kontrolliert biologische Anbau von Hirse steckt in Europa noch in den Kinderschuhen, allerdings gibt es besonders in Italien und Frankreich Bestrebungen, den Hirseanbau zu fördern.

Rauhe Schale, wertvoller Kern

Um die gesundheitlichen Vorzüge der Hirse ranken sich einige Legenden. Bei den Chinesen gehörte die Hirse zu den fünf heiligen Pflanzen. Sie fühlten sich durch das Getreide mit der göttlichen Welt verbunden.

Der griechische Philosoph Pythagoras empfahl Hirse, um Gesundheit und Kraft zu stärken.

Vom Hunnenkönig Attila ist überliefert, daß er seine Gäste ausschließlich mit Hirse bewirtete.

Und noch heute hört man oft, daß der regelmäßige Verzehr von Hirse »Haut und Haare schön macht«.

Ein Blick auf die Inhaltsstoffe der Hirsekörner hilft, diese Mythen heute zu bewerten.

Hirse gilt in der Vollwertküche als eine wertvolle Ergänzung zu den anderen Getreidearten. Neben dem Hauptinhaltsstoff, den Kohlenhydraten, sind 10 % Eiweiß enthalten. Die biologische Wertigkeit des Eiweißes (ein Gradmesser dafür, wie gut es in körpereigenes Eiweiß umgewandelt werden kann) ist vergleichbar mit dem Eiweiß aus Reis oder Gerste. Wie bei allen Getreidearten ist eine Ergänzung mit anderen pflanzlichen Eiweißträgern (z. B. Hülsenfrüchten) vorteilhaft.

Mit 4 % Öl-Anteil ist Hirse für ein Getreide relativ fettreich, nur Hafer kann sie überrunden. Das Hirseöl besteht zu mehr als drei Vierteln aus ungesättigten Fettsäuren und wird von Vitamin E und Provitamin A begleitet. Hirse enthält außerdem B-Vitamine wie Vitamin B_1 und Niacin, liegt mit dem Vitamingehalt aber insgesamt im Durchschnitt aller Getreidearten.

Getreide	Kohlen-hydrate	Eiweiß	biol. Wertigkeit des Eiweiß	Fett
Hirse	68,8	9,8	73,2	3,9
Weizen	61,0	11,7	64,0	2,0
Roggen	60,7	8,8	75,8	1,7
Hafer	59,7	11,7	64,9	7,1
Gerste	64,3	9,8		2,1
Reis	73,4	7,2	72,9	2,2
Mais	64,7	8,5	59,4	3,8

Nährstoffgehalt von Getreide (in %)

Im Hinblick auf Mineralstoffe und Spurenelemente ist Hirse dagegen Spitzenklasse. Neben Magnesium und Kalium steckt reichlich Eisen in den kleinen Körnchen, wesentlich mehr als in allen anderen Getreidearten. Bei Menschen mit Eisenmangel sollte Hirse deshalb öfter auf dem Speiseplan stehen. Damit das pflanzliche Eisen optimal ausgenutzt werden kann, empfiehlt es sich, die Hirse mit Vitamin-C-reichem Gemüse oder Obst (z. B. rotem Paprika, Zitrusfrüchten, Johannisbeeren) oder einem Vitamin-C-reichen Saft (z. B. Orangensaft) zu kombinieren.

Bedeutsam ist aber vor allem der hohe Gehalt an Fluor und Silizium. Fluorid stärkt den Zahnschmelz und hilft so, die Zähne gesund zu erhalten. Silizium (in Hirse in Form von Kieselsäure vorliegend) ist wichtig für gesunde Haut, Haare und Nägel. Hirse hat damit seinen Ruf als »Schönmacher« zu Recht.

Viel wertvolles Silizium steckt in der Spelze, die das Hirsekorn umgibt. Die ungenießbare Schale wird in der Schälmühle abgerieben und weggeblasen. Die Hirsespreu macht etwa 25 % des ursprünglichen Getreidekorns aus. Sie kann verfüttert werden und findet manchmal auch als Kissenfüllung Verwendung. Vor allem für Bettlägrige wurden früher Hirsekissen benutzt, die das Wundliegen vermeiden sollten. Heute werden Hirsekissen vorwiegend für ruhigen und erholsamen Schlaf angeboten. Die Hirsespelzen sollen sich der Kopf- und Nackenform optimal anpassen, atmungsaktiv und temperaturausgleichend sein.

Beim Schälen des Hirsekorns kann der Keimling verletzt werden, so daß Hirseöl austreten kann. Die Körner schmecken dann nach kurzer Lagerungszeit bitter, da das Öl ranzig geworden ist. Hier ist leicht Abhilfe möglich: Die Körner werden vor dem Kochen mit heißem Wasser übergossen und so vom ranzigen Öl befreit.

Auch die in Hirse in höherer Konzentration als in anderen Getreidearten vorkommenden Gerbstoffe (Tannine) können sich unangenehm bemerkbar machen. Sie binden sowohl Eiweiß aus der Nahrung als auch im Speichel befindliches Eiweiß. Im einen Fall wird die biologische Wertigkeit des Eiweißes geringfügig begrenzt, im anderen Fall wird im Mund ein stumpfer Geschmack erzeugt, ähnlich wie beim Verzehr von Rhabarber. Der größte Anteil der Tannine befindet sich in der Schale, wird also beim Entspelzen entfernt. Der negative Beigeschmack der Hirse kann durch Wärmebehandlung (Darren) oder aber durch Säureeinwirkung (z. B. Zitronensaft) beseitigt werden.

Da Hirse kein Gluten (Klebereiweiß) enthält, hat sie für sich alleine keine befriedigenden Backeigenschaften. Ohne Klebereiweiß kann Brot nicht aufgehen, und Kuchen wird nicht locker. Mit Hirse lassen sich daher allenfalls einfache

Fladenbrote backen. Gemischt mit Weizen- oder Dinkel-vollkornmehl ist Hirsemehl zum Backen von Brot oder Kuchen aber gut geeignet. Es rundet den Geschmack der Backwaren ab, macht sie knuspriger und reichert sie mit seinen wertvollen Inhaltsstoffen an. Der Hirseanteil sollte aber 50 % nicht übersteigen.

Für Zöliakie- oder Spruekranke, die auf glutenfreie Kost an-gewiesen sind, ist das Fehlen des Klebers ein großer Vorteil, denn sie können Hirse, ebenso wie Mais und Reis, pro-blemlos genießen.

Hirse richtig zubereiten

Kochen

Hirse eignet sich hervorragend für die »schnelle Küche«. Immer dann, wenn rasch etwas auf den Tisch gezaubert werden soll, zeigen die goldenen Körnchen ihre Überlegenheit gegenüber anderen Getreidearten. Denn während die Hirsekörner garen, können Sie z. B. einen Salat zubereiten, Gemüse wie Möhren oder Lauch dünsten und eventuell noch etwas Käse reiben — schon ist ein schmackhaftes Mittagessen fertig.

Kenner schätzen die Hirse als »Verwandlungskünstlerin«. Kein anderes Getreide läßt sich so gut sowohl süß als auch pikant zubereiten. Die ganz gekochten Körner schmecken zu Gemüse ebensogut wie zu frischen Früchten. Feingemahlenes Hirsemehl oder Hirseflocken können Hauptzutat, aber auch Bindemittel für Pfannkuchen, Suppen oder Soßen sein.

Bei den meisten Gerichten, die in diesem Buch beschrieben werden, wird die Hirse gekocht.

○ So gelingt's bestimmt:

1. 2½ Tassen Wasser oder Gemüsebrühe aufkochen lassen.
2. 1 Tasse Hirse in ein feinmaschiges Sieb geben und mit heißem Wasser abspülen, etwas abtropfen lassen.
3. Hirse in den Topf geben, bei mittlerer Hitze zum Kochen bringen (evtl. Gewürze hinzufügen) und 15 Minuten leise köcheln lassen.

4. Bei abgeschalteter Herdplatte die Hirse noch weitere 10 Minuten ausquellen lassen.
5. Topfdeckel öffnen. Nach dem Ende der Garzeit muß die Kochflüssigkeit völlig aufgenommen sein.
6. Hirse mit einer Gabel auflockern, eventuell einige Butterflöckchen unterheben.

Eine lockere, körnige Hirse benötigt nur etwa 15 Minuten Garzeit. Besonders wenn die Hirse danach noch weiterverarbeitet und gegart wird, etwa für einen Auflauf oder als Füllung, ist diese Kochzeit völlig ausreichend. Für einen weichen Hirsebrei ohne körnige Struktur wird eine Kochzeit von mindestens 20 Minuten benötigt. Als Kochflüssigkeit wird meist Wasser verwendet, dem Gewürze schon zugefügt werden können. Geeignet für pikante Gerichte ist auch Gemüsebrühe, entweder als Kochwasser von Gemüse oder aber aus gelöster körniger Gemüsebrühe. Die Flüssigkeitsmenge richtet sich auch nach dem gewünschten Ergebnis. Für einen weichen Brei wird mehr Flüssigkeit benötigt als für ein körniges Pfannengericht, sie variiert auch je nach Intensität der Wärmezufuhr.

Als Faustregel gilt ein Verhältnis von 2½ Teilen Wasser zu 1 Teil Hirse. Wird Milch statt Wasser verwendet, muß der Flüssigkeitsanteil noch etwas erhöht werden.

Einweichen

Im Unterschied zu harten Getreidearten wie Weizen oder Gerste, muß Hirse vor dem Kochen nicht eingeweicht werden. Einweichen von ein bis zwei Stunden bringt dennoch Vorteile, genügend Zeit zur Zubereitung vorausgesetzt. Durch das Einweichen wird das getreideeigene Enzym Phytase aktiviert. Phytasen spalten das ebenfalls im Korn enthaltende Phytin, ein Inhaltstoff, der Mineralstoffe im Korn binden kann. Durch das Einweichen werden die gebundenen Mineralstoffe für den menschlichen Organismus verfügbar gemacht.

Unbedingt erforderlich ist ein Einweichen beim »rohen« Verzehr von Hirse, z. B. als Frischkornbrei, da die Hirsekörner uneingeweicht zu hart sind. Außerdem werden durch das Einweichen die Inhaltsstoffe aufgeschlossen und besser verdaulich gemacht. Auch beim rohen Verzehr von Hirseflocken im Müsli ist der besseren Verdaulichkeit wegen ein Einweichen von ein bis zwei Stunden empfehlenswert.

Darren oder Rösten

Vor dem Kochen kann Hirse gedarrt oder geröstet werden. Durch den Darrprozeß werden die Körner spröder und brüchiger und bleiben beim Kochen körniger. Außerdem wird durch die Hitzeeinwirkung das Getreide leichter verdaulich, und die Aromastoffe können sich gut entfalten.

○ So gelingt's bestimmt:

1. Auf einem Backblech etwa 250 g Hirse ausbreiten.
2. Das Backblech in den Backofen schieben und die Hirse bei 75° C etwa eine Stunde lang darren.
3. Die duftenden Körner abkühlen lassen und weiterverarbeiten oder als Vorrat aufbewahren.
   Es ist möglich, mehrere Bleche auf einmal in den Backofen zu schieben und so eine größere Menge auf Vorrat

zu darren. Weniger zeitaufwendig ist es, die Hirse vor dem Kochen zu rösten. Dazu die gewaschene, abgetropfte Hirse in einen trockenen, heißen Topf geben und unter Rühren kurz erhitzen. Die Körner sind fertig geröstet, wenn sie ein feines, nußartiges Aroma verströmen.

Nachquellen

Hirse kann energiesparend zubereitet werden, indem man sie nach einer bestimmten Kochzeit noch nachquellen läßt. Einfach ist dies beim Kochen mit einem Elektroherd, bei dem man nach dem Ankochen die Herdplatte ausschaltet, die vorhandene Restwärme nutzt und die Hirse im geschlossenen Topf 15 bis 20 Minuten quellen läßt.

Beim Kochen mit einem Gasherd muß man entweder eine gewisse Wärmezufuhr aufrechterhalten oder aber die Hirse zum Nachquellen an einen warmen oder gut wärmeisolierten Ort stellen, beispielsweise unter die Bettdecke oder in eine Kochkiste.

Die Hirse sollte beim Nachquellen in Ruhe gelassen werden, also weder umrühren noch den Deckel aufdecken.

Schroten und Mahlen

Wie alle anderen Getreide kann auch Hirse geschrotet und gemahlen werden. Im allgemeinen ist Vollkornmehl aber weniger lange haltbar als Weißmehl und kann ranzig werden. Die Hirse sollte daher möglichst erst kurz vor der Verarbeitung gemahlen werden.

Bevor es losgeht

Alle Rezepte in diesem Buch sind – wenn nichts anderes angegeben ist – **für vier Personen berechnet**.

Die Zutaten, die in diesem Buch verwendet werden, sind in fast jedem Naturkostladen erhältlich.

Hirse wird im Handel häufig sowohl aus konventionellem Anbau als auch **als kontrolliert biologisch angebaute Ware** angeboten. Hier ist – auch wenn es etwas teurer ist – immer der biologisch angebauten Hirse der Vorzug zu geben.

Auch die in einigen Rezepten verwendeten **Hirseflocken** sind in Naturkostläden erhältlich. Die Flocken werden hergestellt, indem die Hirsekörner mit Dampf erhitzt und anschließend mit Walzen gepreßt werden. Durch den Preßvorgang wird empfindliches Keimöl frei. Hirseflocken sind deshalb nur begrenzt haltbar. Man sollte sich immer nur für wenige Monate damit bevorraten.

In den einzelnen Rezepten wird nicht gesondert darauf hingewiesen, daß man auch bei **Obst und Gemüse** auf biologischen Anbau Wert legen sollte. Eine der Intentionen dieses Kochbuchs ist, auf die ökologischen Aspekte unserer Ernährung aufmerksam zu machen. Es liegt deshalb nahe, auch bei der Auswahl der anderen Zutaten auf umweltgerechten Anbau zu achten.

Neben der ökologischen ist natürlich auch die gesundheitliche Seite wichtig. Wenn also z. B. in den Rezepten neben der Hirse noch andere Getreide vorkommen, heißt das immer, daß damit **Vollkornprodukte** gemeint sind; die Herstellung von Auszugsmehlen ist eine unsinnige Verschwendung von Nährstoffen.

Bei **Salz**, das in manchen Rezepten angegeben ist, ist es empfehlenswert, unraffiniertes Meersalz zu verwenden. Die Mengenangaben bei Salz und Gewürzen verstehen sich als Anhaltswerte; hier sollte sich jeder nach seinem eigenen Geschmack richten. Insbesondere für Salz gilt: je weniger, umso besser. Der Eigengeschmack der Speisen sollte nicht »versalzen« werden; wir nehmen mit unserer Nahrung ohnehin meist noch zuviel Salz auf.

Als **Süßungsmittel** wird in den Rezepten Honig verwendet. Er kann z. B. auch durch Ahornsirup oder Birnendicksaft ersetzt werden. Die Dosierungen sind auch hier nur Anhaltswerte, die nach dem eigenen Geschmack verändert werden können.

Was für die pflanzlichen Zutaten gilt, gilt auch für die **tierischen Produkte**. Sowohl bei Eiern als auch bei Milchprodukten ist es sinnvoll, sich zu informieren, wie und unter welchen Bedingungen diese Lebensmittel produziert werden. Man sollte auch hier Produkte aus biologischer Landwirtschaft (artgerechter Haltung) bevorzugen.

Frühstücksideen

Saatmüsli

Pro Person:
3 EL Hirse
3 EL Wasser
3 EL Haferflocken
1 TL Sesam
1 TL gemahlener Mohn
1 TL Leinsaat
1 TL Sonnenblumenkerne
1 EL Rosinen
1 EL Honig
1 EL Sahne
1 Banane
etwas Zimt

Die Hirse über Nacht in so viel Wasser einweichen, daß sie gerade bedeckt ist. Am Morgen mit den Haferflocken, der zerdrückten Banane und den übrigen Zutaten vermischen.

Frischkornmüsli

Pro Person:

3 EL Hirse
3 EL Orangensaft
5 EL Joghurt
2 EL Haferflocken
1 EL Hirseflocken
ca. 5 Mandeln
1 EL Rosinen
½ TL Leinsamen
½ TL Sesam
1 TL Buchweizen

Die gewaschene Hirse über Nacht im Orangensaft einweichen. Am Morgen die anderen Zutaten zugeben und gut verrühren.

Karottenmüsli

Pro Person:
3 EL Hirse
1 EL Haferflocken
1 Karotte
1 Apfel
1 Banane
1 EL Honig
1 EL Rosinen
1 EL Sonnenblumenkerne
1 EL Sesamsaat
evtl. etwas Apfelsaft

Die Hirse mittelfein schroten und über Nacht in so viel Wasser einweichen, daß sie gerade bedeckt ist. Am nächsten Morgen mit den Haferflocken vermischen. Die Karotte und die Hälfte des Apfels fein reiben und daruntermischen. Die andere Hälfte des Apfels und die Banane kleinschneiden und dazu gegeben. Zum Schluß die restlichen Zutaten untermengen. Falls das Müsli zu trocken ist, noch etwas Apfelsaft zugeben.

Körnermix

Pro Person:
2 EL Hirse
2 EL Weizen
2 EL Hafer
1 EL Sesam
125 ml Milch
1 EL Erdnußmuß

Das Getreide grob schroten und mit so viel Wasser über Nacht einweichen, daß es gerade bedeckt ist. Sesam, Milch und Erdnußmus mit dem Getreide verrühren.

Sprossenmüsli

Pro Person:
je 1 EL Weizen-, Alfalfa- und Kressesprossen
2 EL Hirseflocken
½ Apfel
½ Banane
1 EL Rosinen
1 EL Zitronensaft
1 TL Honig
2 EL süße Sahne

Die Keime mit den Hirseflocken mischen. Das Obst zerkleinern und mit den Rosinen zu den Keimen geben. Aus Zitronensaft, Honig und Sahne eine Marinade mischen und das Müsli damit übergießen.

Beerencreme

Pro Person:
2 EL Beeren (Erdbeeren, Himbeeren usw.)
2 EL Hirseflocken
2 EL Haferflocken
1 EL Sesamsaat
½ Becher Joghurt
1 TL Honig

Die Beeren leicht zermusen, ein paar zum Garnieren zurückbehalten. Die Flocken und die Sesamsaat daruntermischen. Mit dem Joghurt und dem Honig verrühren.

Buttermilchmüsli

Pro Person:
250 ml Buttermilch
50 g Obst nach Jahreszeit
3 EL Hirseflocken
2 EL Haferflocken
2 EL Leinsamen
Honig nach Geschmack

Buttermilch in eine Schüssel geben, das Obst hineinschneiden oder -raspeln. Die übrigen Zutaten untermischen und nach Geschmack mit Honig süßen.

Flockenmüsli

Pro Person:
½ Apfel
1 EL Nüsse
2 EL Hirseflocken
3 EL Haferflocken
1 EL Rosinen
125 ml Milch oder 125 g Joghurt
1 TL Honig

Den Apfel grob raspeln, die Nüsse fein hacken. Flocken, Rosinen, Apfel und Nüsse mischen. Mit Milch oder Joghurt verrühren und nach Geschmack mit Honig süßen.

Fruchtmüsli

Pro Person:
250 g Joghurt
1 EL gemahlene Nüsse
2 EL Honig
Zimt
Ingwer
Vanille
2 EL Hirseflocken
2 EL Haferflocken
1 Banane
1 Pfirsich
1 Apfel
1 EL Kokosraspeln

Den Joghurt mit den gemahlenen Nüssen, dem Honig und den Gewürzen verrühren. Die Flocken unterheben, die kleingeschnittenen Früchte darübergeben. Mit Kokosraspeln bestreuen.

Karotten-Flocken-Müsli

Pro Person:
1 Karotte
1 TL Honig
Saft von einer Orange
3 – 4 Datteln
20 g Sonnenblumenkerne
2 EL Hirseflocken

Karotte fein raspeln. Honig und Orangensaft dazugeben, die Datteln hineinschneiden und zusammen mit den Sonnenblumenkernen und Hirseflocken gut durchmischen.

Kohlrabifrühstück

Pro Person:
80 g Hirse
250 ml Wasser
1 Kohlrabi
3 EL Kokosflocken
4 EL Joghurt

Die Hirse im Wasser zum Kochen bringen und 20 Minuten quellen lassen. Den Kohlrabi schälen und raspeln, die Kokosflocken dazugeben und mit der Hirse und dem Joghurt gut durchmischen.

Karottenbrei

Pro Person:
70 g Hirse
250 ml Milch
1 Karotte
½ Apfel
2 EL Nüsse
2 EL Buttermilch
1 TL Honig oder Sirup

Die Hirse in der Milch aufkochen und ausquellen lassen.
Karotte und Apfel raspeln und zum Hirsebrei geben. Die
Nüsse grob hacken. Mit Buttermilch, Honig oder Sirup ver-
mischen.

Hirseaufstrich

½ Tasse Hirse
1 ¼ Tassen Wasser
1 TL gekörnte Gemüsebrühe
1 Zwiebel
100 g Champignons
Öl
¼ TL grüner Pfeffer
1 TL Majoran
1 TL Thymian
½ TL Kräutersalz
75 g Butter

Die Hirse mit Wasser und Gemüsebrühe aufkochen und zugedeckt 30 Minuten quellen lassen. Die Zwiebel fein hakken, Champignons kleinschneiden und in etwas Öl glasig dünsten. Zusammen mit der gekochten Hirse, den Gewürzen und der Butter im Mixer zu einer feinen Paste pürieren.
Der Brotaufstrich ist, im Kühlschrank aufbewahrt, etwa eine Woche haltbar.

Suppen

Hirsesuppe

1 l Nudelwasser oder Gemüsebrühe
1 Tasse gekochte Hirse
1 TL Majoran
Thymian
Muskat
Salz

Nudelkochwasser ist eine gute Grundlage für eine herzhafte Hirsesuppe. Die Brühe mit den Zutaten einmal kurz aufkochen lassen und abschmecken.

Brennesselsuppe

100 g Hirse
1 l Gemüsebrühe
1 Zwiebel
2 EL Öl
200 g junge Brennesselblätter
Muskat

Die Hirse in einem Viertel der Brühe aufkochen und 20 Minuten quellen lassen. Die Zwiebel würfeln und im Öl anrösten, die Brennesselblätter kleinschneiden, zu der Zwiebel geben und kurz dünsten. Den Hirsebrei dazugeben, mit der restlichen Brühe auffüllen. Mit Muskat abschmecken.

Gemüsesuppe

2 Zwiebeln
Öl
1 Stange Lauch
1 Karotte
1 Kohlrabi
1 l Wasser
1 TL Salz
Thymian
100 g Hirse
2 EL Sojasoße

Die Zwiebeln fein würfeln und in Öl anbraten. Das Gemüse kleinschneiden, zu den Zwiebeln geben und andünsten. Mit Wasser aufgießen, würzen und die gewaschene Hirse langsam einrühren. Die Suppe bei schwacher Hitze etwa 30 Minuten köcheln lassen, zum Schluß mit der Sojasoße würzen.

Liebstöckelsuppe

80 g Hirse
500 ml Gemüsebrühe
250 ml Milch
10 g Butter
Liebstöckel
Kerbel
Muskat
Salz

Die Hirse grob mahlen und in die kochende Gemüsebrühe einrühren. 5 Minuten kochen lassen, dann Milch und Butter hinzufügen. So lange bei kleiner Hitze quellen lassen, bis die Hirse gar ist. Zum Schluß mit den Kräutern und Gewürzen abschmecken.

Dillsuppe

150 g Hirse
1 l Gemüsebrühe
200 g Staudensellerie
1 Bund Dill
Salz
Pfeffer
Muskat
5 EL saure Sahne

Die Hirse im trockenen Topf kurz anrösten und mit der Gemüsebrühe aufgießen. 10 Minuten köcheln lassen. Sellerie in feine Scheiben schneiden, zur Brühe geben. 10 Minuten bei schwacher Hitze ziehen lassen. Den Dill sehr fein schneiden, zur Suppe geben. Würzen und die saure Sahne unterziehen.

Käsesuppe

1 Zwiebel
20 g Butter
100 g Hirse
1 Tomate
1 l Gemüsebrühe
frische Kräuter
2 Knoblauchzehen
50 g geriebener Käse

Die Zwiebel fein würfeln und in der Butter glasig dünsten, die Hirse dazugeben und mitdünsten. Die Tomate kleinschneiden und dazugeben. Mit Gemüsebrühe aufgießen und etwa 20 Minuten garen. Mit den Kräutern und den zerdrückten Knoblauchzehen abschmecken. Die Suppe auf Teller verteilen und mit geriebenem Käse bestreuen.

Schrotsuppe

100 g Hirse
1 kleine Zwiebel
20 g Butter
1 Stange Lauch
2 Karotten
1 Staudensellerie
1 l Wasser
Salz
Pfeffer
frische Kräuter

Die Hirse grob schroten und mit der gewürfelten Zwiebel in der Butter anrösten. Das Gemüse putzen und kleinschneiden, zu der Hirse geben und kurz mitschmoren. Mit dem Wasser aufgießen und würzen. Das Ganze etwa 15 Minuten köcheln lassen und kurz vor dem Servieren, wenn das Gemüse gar ist, die Kräuter dazugeben.

Kaltschale

100 g Hirseflocken
1 l Buttermilch
2 EL Honig
1 Zitrone
500 g frisches Obst (Beeren oder Kirschen)

Die Hirseflocken in der Buttermilch 3 bis 4 Stunden einweichen, mit Honig, abgeriebener Zitronenschale und Zitronensaft abschmecken. Das Obst zerkleinern und in die Kaltschale rühren. 2 Stunden durchziehen lassen und gut gekühlt servieren.

Hirsesternsuppe

Für die Hirsesterne:
150 g Hirse
¼ TL Curcuma
½ TL Salz
2 Eier
125 ml Milch
frische Kräuter
Fett für das Blech

Für die Suppe:
1 Karotte
1 Stange Lauch
2 Bund Suppengrün
1 kleiner Blumenkohl
1 l Wasser
1 TL Salz

Die Hirse fein mahlen, mit den Gewürzen und den feingehackten Kräutern mischen. Die Milch erhitzen, über das
Mehl geben und gut verrühren. Die Masse abkühlen lassen, inzwischen den Backofen auf 200° C vorheizen. Die
Eier trennen, die Eigelb unter die Hirse ziehen. Die Eiweiß
zu sehr festem Schnee schlagen und vorsichtig unter den
Hirsebrei heben. Die fertige Masse auf ein gut gefettetes
Backblech dünn ausstreichen und im Backofen etwa 25 Minuten backen. Für die Brühe das Gemüse (bis auf den Blumenkohl) kleinschneiden und in Salzwasser bei kleiner Hitze garen. Nach etwa 10 Minuten den in Röschen zerteilten
Blumenkohl dazugeben. Aus der fertig gebackenen Hirsemasse kleine Sterne ausstechen und in der Suppe servieren.

Hirse als Beilage

Hirse pikant

1 kleine Zwiebel
2 EL Öl
1 TL asiatische Gewürzmischung
1 Tasse Hirse
2 Tassen Wasser
1 TL Salz

Die Zwiebel fein schneiden und zusammen mit der asiatischen Gewürzmischung in heißem Öl glasig dünsten. Hirse zugeben und mit Wasser auffüllen. Die Hirse 15 Minuten leicht kochen lassen, Salz zugeben und auf der heißen Platte weitere 15 Minuten ausquellen lassen. Die Hirse sollte locker und trocken sein. Diese Speise kann zu Gemüse und Salaten gereicht oder auch zu anderen Gerichten weiterverarbeitet werden.

Erdnußhirse

200 g Hirse
750 ml Wasser
200 g geröstete, gesalzene Erdnüsse

Die Hirse waschen und mit dem Wasser zum Kochen bringen, 15 Minuten quellen lassen. Die Erdnüsse hacken, untermischen und alles weitere 5 Minuten quellen lassen.

Hirse mit Buchweizen

je ½ Tasse Hirse und Buchweizen
2 EL Öl
1 TL asiatische Gewürzmischung
2½ Tassen Wasser
1 TL Gemüsebrühe
1 TL Salz
Muskat und Majoran

Hirse mit Buchweizen im Fett andünsten, mit dem Wasser ablöschen, Gewürze dazugeben und 15 Minuten kochen, dann noch 15 Minuten quellen lassen. Mit Blumenkohl in Rahmsoße oder frischem Salat servieren.

Hirserand

1 Zwiebel
3 EL Öl
400 g Hirse
1 l Gemüsebrühe
Salz
100 g geriebener Käse

Die gewürfelte Zwiebel in Öl leicht anrösten, die Hirse dazugeben. Mit der Gemüsebrühe aufgießen und 25 Minuten ausquellen lassen. Den Käse untermischen. Die gegarte Hirse in eine gefettete Ringform drücken und 15 Minuten zum Nachquellen warm stellen. Die Hirse auf eine Platte stürzen. Mit gedünstetem Gemüse anrichten.

Hirseklöße

150 g Hirse
500 ml Wasser
1 Lorbeerblatt
Salz
150 g Magerquark
2 EL Öl
60 g feine Haferflocken
1 Knoblauchzehe
Koriander

Die Hirse im Wasser mit dem Lorbeerblatt, Piment und etwas Salz 10 Minuten kochen, nachquellen und abkühlen lassen. Quark und Öl verrühren, mit den Haferflocken und den Gewürzen unter die Hirse mischen. Mit einem Eßlöffel einen Kloß formen und diesen zur Probe zunächst ins kochende Wasser geben – wenn er zerfällt, noch etwas Haferflocken in den Teig geben, wenn der Teig zu fest ist, mehr Quark dazugeben. Dann alle Klöße ins Wasser geben und in kochendem Wasser garen, bis sie an die Oberfläche kommen.

Quarkklöße

1 Tasse Hirse
1 ½ Tassen Wasser
150 g Vollweizengrieß
5 EL Öl
2 Eier
250 g Magerquark
½ Zwiebel, feingewürfelt
2 EL Buchweizenmehl
Salz
Muskat
Koriander
Petersilie
Majoran

Hirse mit Wasser aufsetzen, 15 Minuten leise köcheln und anschließend 15 Minuten quellen lassen. Die gekochte Hirse mit den übrigen Zutaten mischen. In einem großen Topf Salzwasser erhitzen. In das schwach kochende Wasser die mit feuchten Händen geformten Klöße geben und 15 bis 20 Minuten ziehen lassen. Die Klöße dürfen nicht sprudelnd kochen, sonst fallen sie auseinander. Mit Tomatensoße und frischem Salat servieren.

Kräuterklöße

250 g Hirse
Salz
500 ml Wasser
½ Zwiebel
50 g Butter
3 Eier
frische Kräuter
Kräutersalz
Muskat
Paprika
20 g feingeriebene Kartoffel
ein Lorbeerblatt

Die Hirse mit etwas Salz in das kochende Wasser geben und bei kleiner Hitze etwa 20 Minuten ausquellen lassen. Die Zwiebel würfeln, in der Butter andünsten und mit den Eiern und den gehackten Kräutern unter den ausgekühlten Hirsebrei mischen. Die Masse gut durchkneten und mit den Gewürzen abschmecken. Zum Binden etwas geriebene Kartoffel unter den Hirseteig arbeiten. Reichlich Wasser mit etwas Salz zum Kochen bringen, ein Lorbeerblatt dazugeben. Aus der Masse Klöße formen und etwa 15 Minuten im Salzwasser ziehen lassen.

Petersilienklöße

250 g Hirseflocken
250 ml Wasser
1 Zwiebel
2 EL Öl
Muskat
Salz
Petersilie
1 Ei

Die Hirseflocken mit kochendem Wasser übergießen und
auskühlen lassen. Die Zwiebel fein hacken, in Öl dünsten,
mit den Gewürzen und der Petersilie mischen und zusammen mit dem Ei zu den Hirseflocken geben. Alles gut vermischen und aus der Masse Klöße formen. In reichlich sie-
dendem Wasser kochen, bis sie hochsteigen.

Flockenbratlinge

200 g Hirseflocken
500 ml Gemüsebrühe
2 Zwiebeln
einige Sellerieblätter
1 Ei
Weizenschrot
Salz
Fett zum Braten

Die Hirseflocken mit heißer Gemüsebrühe übergießen und
2 Stunden quellen lassen. Die Zwiebeln würfeln und in Fett
andünsten, die feingehackten Sellerieblätter kurz mitdünsten lassen. Mit dem Ei, etwas Schrot und Salz einen festen
Teig rühren. Mit dem Löffel Bratlinge abstechen und in Fett
braten.

Käsebratlinge

250 g Hirse
750 ml Wasser
Salz
2 Zwiebeln
1 EL Öl
1 Ei
50 g geriebener Käse
1 TL Paprika, edelsüß
Fett zum Braten

Die Hirse mindestens 6 Stunden einweichen, dann etwas Salz zugeben und in dem Einweichwasser 25 Minuten kochen. Die Zwiebeln würfeln, in Fett dünsten. Zwiebeln, Ei, Käse und Paprika mit der etwas abgekühlten Hirse mischen. Aus der Masse Bratlinge formen und diese in Fett goldgelb braten.

Kroketten

200 g Hirse
500 ml Wasser
1 TL Salz
1 Zwiebel
1 Karotte
1 Ei
4 TL Weizenmehl
1 TL Salz
¼ TL Muskat
Fett zum Braten

Die Hirse mit Wasser und Salz aufkochen und 25 Minuten ausquellen lassen. Die Zwiebel würfeln, die Karotte raspeln. Alle Zutaten verkneten. Aus dem Teig mit feuchten Händen kleine Rollen formen und diese in Fett backen.

Gemüsegerichte

Hirse in Tomatensoße

200 g Hirse
500 ml Gemüsebrühe
1 Zwiebel
1 EL Öl
4 Tomaten
250 ml Gemüsebrühe
Majoran
Rosmarin
Pfefferminze
100 g Emmentaler

Die Hirse in 500 ml Gemüsebrühe zum Kochen bringen und 20 Minuten quellen lassen. Die Zwiebeln würfeln und in heißem Öl dünsten, die enthäuteten und gewürfelten Tomaten zugeben, mit 250 ml Gemüsebrühe ablöschen. Die Hirse und die Kräuter untermischen und mit geriebenem Käse bestreuen.

Karottenküchle

1 ½ Tassen gekochte Hirse
1 ½ Tassen Gerstenflocken
3 Karotten
2 Eier
6 EL Öl
Majoran
Salz
Fett zum Braten

Die gekochte Hirse mit den Gerstenflocken mischen. Karotten fein reiben und zusammen mit den übrigen Zutaten mischen. In reichlich heißes Fett geben und goldbraun braten.

Pilzhirse

200 g Hirse
500 ml Wasser
Salz
Curry
3 Zwiebeln
2 EL Öl
250 g Champignons
Pfeffer
Salz
Majoran
1 EL Sojasoße
2 EL süße Sahne

Die Hirse im Wasser mit Salz und Curry aufkochen und 20 Minuten quellen lassen. Währenddessen die Zwiebeln in Ringe schneiden und in Öl andünsten. Die Pilze halbieren und kurz mitdünsten. Nach etwa 10 Minuten mit Gewürzen abschmecken, Sojasoße und Sahne unterrühren. Pilze und Hirse mischen.

Hirse mit Meerrettichsoße

300 g Hirse
1 l Gemüsebrühe
1 Zwiebel
2 EL Öl
80 g Weizenschrot
500 ml Milch
50 g Meerrettich
Salz

Die Hirse mit der Gemüsebrühe zum Kochen bringen, 30 Minuten quellen lassen. Die Zwiebel würfeln, in Öl anrösten. Weizenschrot dazugeben, nach 5 Minuten mit Milch auffüllen und ausquellen lassen. Den roh geriebenen Meerrettich dazugeben und mit Salz abschmecken. Die Hirse mit der Soße übergießen.

Tomatengratin

300 g Hirseflocken
500 ml Gemüsebrühe
1 Zwiebel
3 EL Öl
200 g Pilze
Salz
Majoran
4 Tomaten
20 g Butter
Fett für die Form

Die Hirseflocken in heißer Gemüsebrühe 10 Minuten einweichen. Die Zwiebel würfeln und im Öl andünsten, die kleingeschnittenen Pilze und nach 5 Minuten auch die Flokken dazugeben. Würzen und in eine gefettete Auflaufform füllen, mit den in Scheiben geschnittenen Tomaten belegen und Butterflöckchen darauf verteilen. Im vorgeheizten Backofen bei 200° C 30 Minuten überbacken.

Kürbishirse

200 g Hirse
500 ml Gemüsebrühe
250 g Kürbis
2 Tomaten
etwas Butter
100 g geriebener Käse

Die Hirse in der Gemüsebrühe bei schwacher Hitze 10 Minuten quellen lassen. Den Kürbis kleinschneiden, die Tomaten enthäuten und pürieren. Beides mit etwas Butter zur Hirse geben und noch 15 Minuten garen lassen. Mit Käse bestreut servieren.

Rübchenhirse

300 g Steckrüben
200 g Hirse
Wasser
Salz
etwas Butter

Die Rüben in Scheiben schneiden und in wenig Salzwasser dämpfen. Währenddessen die Hirse in Wasser ebenfalls zum Kochen bringen, 10 Minuten anquellen lassen. Die vorgequollene Hirse auf die Rüben geben, das Ganze weitere 15 Minuten ausquellen lassen (nicht umrühren). Butter zerlassen und darübergeben, nochmals kurz ziehen lassen. Zum Servieren auf einen Teller stürzen, damit die Rüben oben sind.

Lauchhirse

150 g Hirse
500 ml Gemüsebrühe
3 Stangen Lauch
2 Zwiebeln
125 g Crème fraîche
Salz
frische Kräuter
Butter

Hirse in Gemüsebrühe aufkochen, 20 Minuten quellen lassen. Lauch und Zwiebeln putzen, in Ringe oder feine Würfel schneiden, in 2 EL Wasser dünsten. Crème fraîche und Gewürze zufügen. Das Gemüse mit der Hirse vermengen. Zum Schluß einen Stich Butter unterziehen.

Blumenkohlpüree

1 Blumenkohl
2 EL Sonnenblumenöl
1 EL Sojasoße
Muskat
500 ml Wasser
150 g Hirse
Butter
frische Kräuter

Den Blumenkohl putzen und in Röschen zerteilen. Die Blumenkohlröschen im Öl goldgelb anbraten und mit Sojasoße und Muskat würzen. Wasser und Hirse dazugeben und eine halbe Stunde köcheln lassen. Im Mixer pürieren und mit Butterflocken und frischen, feingehackten Kräutern zu Bratlingen und Reis servieren.

Rosenkohl mit Sojanüssen

3 EL gelbe Sojabohnen
250 g Hirse
750 ml Gemüsebrühe
250 g Rosenkohl
1 TL Sojasoße
Muskat
frische Kräuter

Die Sojabohnen über Nacht in Wasser einweichen. Auf ein
Sieb geben und abtropfen lassen. Den Backofen auf 200° C
vorheizen. Die Sojabohnen auf ein ungefettetes Blech geben und im heißen Ofen etwa 20 Minuten rösten, bis sie
goldgelb und knackig sind. In der Zwischenzeit die Hirse
mit der Brühe aufkochen, 20 Minuten quellen lassen. Den
Rosenkohl waschen, putzen, kleinschneiden und in wenig
Wasser dünsten. Die Sojanüsse mit der Sojasoße verrühren
und zu der gegarten Hirse geben. Den Rosenkohl vorsichtig unterheben. Mit Muskat und frischen Kräutern würzen.

Gemüsegratin

1 Zwiebel
75 g Hirse
10 g Butter
200 ml Gemüsebrühe
200 g Champignons
100 g Karotten
200 g Zucchini
Pfeffer
Salz
Majoran
Muskat
1 Ei
125 ml Milch
frische Kräuter
125 g saure Sahne

Die Zwiebel würfeln, mit der Hirse in Butter andünsten.
Mit der Gemüsebrühe ablöschen und zugedeckt 15 Minuten garen lassen. Die Pilze und das Gemüse putzen und kleinschneiden. Zunächst die Champignons ohne Fett in einer Pfanne 5 Minuten andünsten, dann die Möhren zugeben, nach weiteren 2 Minuten die Zucchini. Zum Schluß das Ganze würzen und zusammen garen lassen. Die gegarte Hirse in eine Auflaufform füllen, das Gemüse darauf verteilen. Das Ei mit der Milch verrühren und über das Gemüse gießen. Den Auflauf im Backofen bei 200° C 25 Minuten garen. Die Kräuter fein hacken, mit der Sahne verrühren und vor dem Servieren über den Auflauf geben.

Champignongratin

1 Zwiebel
1 EL Öl
200 g Hirse
500 ml Gemüsebrühe
Hefeflocken
Pfeffer, Salz
1 Lorbeerblatt
200 g Champignons
1 Knoblauchzehe
200 g gekochte Erbsen
10 g Sojamehl
2 Eier
6 EL Milch
Muskat
frische Kräuter
50 g geriebener Käse
Fett für die Form

Die Zwiebel würfeln und in Öl anbraten. Die gewaschene Hirse dazugeben und kurz andünsten. Die heiße Brühe hinzufügen, mit den Hefeflocken und den Gewürzen abschmekken. Lorbeerblatt dazugeben und zugedeckt 15 Minuten köcheln lassen. Die gegarte Hirse mit den kleingeschnittenen Pilzen, den Erbsen, der zerdrückten Knoblauchzehe und dem Sojamehl vermischen. Die Masse in eine gefettete Auflaufform geben. Die Eier mit Milch, Gewürzen und den Kräutern verquirlen und über die Champignonhirse geben. Mit dem geriebenen Käse bestreuen. Bei 220° C 15 Minuten im Ofen überbacken.

Karottenauflauf

150 g Hirse
500 ml Wasser
Salz
400 g Karotten
Koriander
Salz
250 g Quark
2 EL Öl
50 g Hirseflocken
Liebstöckel
Kerbel
Fett für die Form

Die Hirse im Wasser 10 Minuten kochen, salzen und nachquellen lassen. Die Karotten in Scheiben schneiden, in wenig Wasser dünsten, mit Salz und Koriander würzen. Die
gegarte Hirse mit dem Quark, dem Öl und den Flocken
mischen, mit den Gewürzen abschmecken. Die Hälfte der
Hirse-Quark-Masse in eine gefettete Auflaufform geben, die
Karotten darauf verteilen und den Rest der Hirse darüber-
streichen. Im vorgeheizten Backofen bei 180° C 30 Minuten überbacken.

Paprikaauflauf

200 g Hirse
500 ml Milch
2 grüne Paprikaschoten
Öl
2 Eier
Thymian
Majoran
Salz
Pfeffer
6 Tomaten
150 g geriebener Käse
Fett für die Form

Hirse in der Milch ankochen, bei schwacher Hitze 20 Minuten quellen lassen. Inzwischen die Paprika entkernen, in kleine Stücke schneiden und bei geringer Hitze in Öl andünsten. Die Eier trennen, das Eigelb mit Thymian, Majoran, Salz und Pfeffer cremig rühren, das Eiweiß zu Schnee schlagen. Die Tomaten enthäuten und in kleine Würfel schneiden. Alle Zutaten außer dem Eiweiß mischen, zuletzt den Eischnee unterziehen und alles in eine gefettete Auflaufform geben, mit dem Käse bestreuen und im Ofen bei 200° C 50 Minuten backen. Mit Salat servieren.

Rosenkohl im Römertopf

200 g Hirse
500 ml Gemüsebrühe
2 Zwiebeln
3 Tomaten
500 g Rosenkohl
Butterflocken
2 EL saure Sahne
Muskat
Pfeffer

Den Römertopf wässern. In der Zwischenzeit die Hirse in der Brühe ankochen und bei schwacher Hitze 20 Minuten quellen lassen. Die Zwiebeln in Ringe schneiden, die Tomaten würfeln und den Rosenkohl putzen. Die Hirse mit dem Gemüse vermischen, in den Römertopf geben, die Butterflocken darüber verteilen. Im Ofen bei 200° C 90 Minuten garen. Die saure Sahne unterheben und weitere 10 Minuten in den Ofen geben. Vor dem Servieren mit Muskat bestreuen und mit Pfeffer abschmecken.

Rosenkohlauflauf

200 g Hirse
500 ml Gemüsebrühe
500 g Rosenkohl
Salz
2 Zwiebeln
Öl
250 g Magerquark
4 EL Milch
Muskat
Pfeffer
Sojasoße
frische Kräuter

Die Hirse in der Gemüsebrühe zum Kochen bringen und 20 Minuten quellen lassen. Den Rosenkohl putzen und in wenig Salzwasser 5 Minuten dünsten. Die Zwiebeln in Ringe schneiden und in Öl anbraten. Etwas abkühlen lassen, den Quark und die Milch dazugeben und verrühren. Mit den Gewürzen und der Sojasoße abschmecken. Die Hirse in eine gefettete Auflaufform geben, den Rosenkohl darüber schichten, die Quarkmasse darauf verteilen. Mit Kräutern bestreuen. Im Backofen bei 250° C etwa 20 Minuten backen.

Schichtauflauf

2 Zwiebeln
4 EL Öl
250 g Hirse
500 ml Wasser
1 TL Salz
1 TL Curry
250 g Lauch
250 g Karotten
1 Lorbeerblatt
300 g Spinat

Kräutersalz
Pfeffer
Muskat
150 g geriebener Käse
Curry
125 g Joghurt
2 Eier
Fett für die Form

Die Zwiebeln würfeln, eine davon in der Hälfte des Öls andünsten. Die Hirse dazugeben, mit Wasser aufgießen, mit Salz und Curry würzen und 20 Minuten quellen lassen. Den Lauch in Ringe, die Karotten in Würfel schneiden und zusammen mit dem Lorbeerblatt in wenig Salzwasser 5 bis 10 Minuten garen.

Die zweite Zwiebel in 2 Eßlöffeln Öl glasig dünsten, den gewaschenen und noch nassen Spinat hinzufügen und etwa 5 Minuten dünsten. Mit Kräutersalz, Pfeffer und Muskat würzen. Ein Drittel der Hirse in eine gefettete Form füllen, etwas Käse darüberstreuen, das Lauch-Möhren-Gemüse darauf verteilen. Mit dem zweiten Drittel der Hirse bedekken, mit Käse bestreuen, den Spinat daraufgeben und mit Hirse abdecken. Joghurt, Eier und den restlichen Käse verrühren, mit Kräutersalz, Curry und Pfeffer abschmecken. Diese Mischung über den Auflauf verteilen. In den kalten Backofen schieben und etwa 25 Minuten bei 220° C bakken.

Tomatenform

300 g Hirseflocken
500 ml Gemüsebrühe
1 Zwiebel
3 EL Öl
200 g Pilze
Salz
Paprika
Majoran
4 Tomaten
20 g Butter
frische Kräuter
Fett für die Form

Die Hirseflocken in heißer Gemüsebrühe 10 Minuten einweichen. Währenddessen die Zwiebel würfeln und im Öl andünsten, die kleingeschnittenen Pilze und nach 5 Minuten auch die Flocken dazugeben. Mit den Gewürzen abschmecken. Das Ganze in eine gefettete Auflaufform füllen, mit den in Scheiben geschnittenen Tomaten belegen und Butterflöckchen darauf verteilen. Im vorgeheizten Backofen bei 200° C 30 Minuten überbacken. Vor dem Servieren mit frischen Kräutern garnieren.

Hirse als Füllung

Gefüllte Tomaten

12 große Tomaten
500 ml Wasser
200 g Hirse
50 g kleingeschnittene Pilze
Salz
3 EL Fett für die Form

Von den Tomaten kleine Deckel abschneiden und aushöhlen. Das Tomateninnere mit dem Wasser kurz aufkochen
und durch ein Sieb passieren. In dieser Flüssigkeit die Hirse
mit den Pilzen und etwas Salz etwa 15 Minuten kochen.
Die Hirse erkalten lassen, die ausgehöhlten Tomaten damit
füllen und die Deckel wieder daraufsetzen. Die Tomaten in
eine gut gefettete Auflaufform geben und bei 200° C etwa
20 Minuten garen.

Tomaten mit Hirse-Quark-Füllung

70 g Hirse
200 ml Wasser
8 große Tomaten
1 Zwiebel
1 Knoblauchzehe
3 EL Öl
100 g Magerquark
Salz
Pfeffer
Paprika
frische Kräuter
Fett für die Form

Die Hirse 15 Minuten im Wasser kochen, dann in einem Sieb abtropfen lassen. Inzwischen von den Tomaten einen Deckel abschneiden, mit einem Teelöffel aushöhlen. Die Zwiebel und den Knoblauch fein hacken, etwas in Öl andünsten und mit dem Tomateninnern vermischen. Diese Masse in eine gefettete Auflaufform geben. Die gekochte Hirse mit dem Quark vermischen, mit Kräutern und Gewürzen abschmecken. Die Masse in die ausgehöhlten Tomaten füllen, die Deckel daraufsetzen und in der Auflaufform verteilen. Im vorgeheizten Backofen bei 180° C etwa 20 Minuten garen lassen, eventuell zum Schluß mit Käse bestreuen.

Gefüllte Paprikaschoten

2 Zwiebeln
4 EL Öl
200 g Hirse
500 ml Wasser
Salz
4 Paprikaschoten
Petersilie
Majoran
Kerbel
150 g geriebener Käse
Salz
Pfeffer
30 g Butter
Fett für die Form

Die Zwiebeln fein würfeln. Das Öl in einem Topf erhitzen und die trockene Hirse darin unter Rühren kurz andünsten. Die Zwiebeln hinzufügen und glasig werden lassen, nach etwa 5 Minuten mit Wasser aufgießen und etwas Salz dazugeben. Im geschlossenen Topf bei kleiner Hitze 20 Minuten garen, weitere 10 Minuten ausquellen lassen. Die Paprikaschoten waschen, längs halbieren und das Kerngehäuse herausschneiden. Die Kräuter fein hacken, mit der Hirse und 100 g Käse mischen und mit den Gewürzen abschmecken. Diese Masse in die Paprikahälften füllen und mit dem restlichen Käse bestreuen. Die Paprikaschoten in eine ofenfeste Form mit etwas Fett setzen, mit Butterflöckchen belegen und in den kalten Backofen schieben. Bei etwa 200° C 20 Minuten backen.

Gefüllte Kartoffeln

4 große Kartoffeln
150 g Hirse
400 ml Wasser
Salz
1 Schalotte
100 g Champignons
Öl
Knoblauch
Sojasoße
Salz
gehackte Petersilie
2 EL geriebener Käse
Fett für den Bräter

Die Kartoffeln gründlich bürsten. Ungeschält mit wenig Wasser 15 Minuten kochen (nicht ganz gar), kurz abschrecken. Die Hirse in Salzwasser ankochen und ausquellen lassen. Schalotte und Champignons kleinschneiden, in Öl andünsten und mit den Gewürzen, den Kräutern und dem Käse unter die Hirse heben. Von den Kartoffeln einen Deckel abschneiden und vorsichtig aushöhlen. Die Kartoffeln mit der Hirsemasse füllen, Deckel aufsetzen und in einem gut gefetteten Bräter bei 200° C noch 30 Minuten im Backofen garen.

Kohlrouladen

1 Kopf Weißkohl
Wasser
Salz
2 EL Öl

Für die Füllung:
250 g Hirse
600 ml Wasser
Salz
2 EL Olivenöl
2 Eier
4 EL Hefeflocken
2 Knoblauchzehen
Kräutersalz
Muskat
Pfeffer
feingehackte Kräuter

Die Hirse in Salzwasser ankochen und 20 Minuten quellen lassen. Inzwischen den Kohl putzen und in reichlich kochendem Wasser 15 Minuten garen, bis er halb weich ist. Das Kochwasser aufbewahren. Dann mit einem Messer die Blätter einzeln ablösen. Die gegarte Hirse mit dem Öl, den verquirlten Eiern und den Hefeflocken vermengen. Den Knoblauch schälen, pressen und daruntermischen, mit den Gewürzen und den Kräutern abschmecken. Jeweils 2 Kohlblätter aufeinanderlegen und einen Eßlöffel von der Hirsemasse daraufgeben. Die Blätter aufrollen und mit Baumwollgarn zubinden. In einer Pfanne das Öl erhitzen, die Kohlrouladen hineingeben und etwas anbraten. Nach etwa 3 Minuten etwas Kohlwasser darübergießen und bei mittlerer Hitze zugedeckt etwa 30 Minuten schmoren lassen, nach 15 Minuten die Rouladen wenden. Wenn zuviel Flüssigkeit verdampft, Kohlwasser nachgießen.

Wirsingrouladen

1 Wirsing
1 Zwiebel
20 g Butter
100 g Hirse
250 ml Wasser
Salz
Pfeffer
100 g Tofu
1 Eigelb
Curry
20 g Butter
Fett für die Form

Den Wirsing waschen und in einzelne Blätter zerlegen. Acht schöne große Blätter aussuchen und einige Minuten blanchieren. Die Zwiebel würfeln, in der heißen Butter andünsten und die Hirse dazugeben. Mit Wasser aufgießen, mit Salz und Pfeffer würzen, aufkochen lassen und bei geringer Hitze 25 Minuten quellen lassen. Die Hirse etwas abkühlen lassen, mit zerkrümeltem Tofu, dem Eigelb und Curry mischen. Je 2 Wirsingblätter aufeinanderlegen und die Hirsemasse darauf verteilen. Die Blätter zu Rouladen aufrollen und mit Garn zubinden. Die Rollen nebeneinander in eine gefettete Auflaufform geben, Butterflöckchen daraufsetzen und mit etwas Blanchierwasser aufgießen. Im vorgeheizten Ofen bei 200° C etwa 20 Minuten garen.

Pfannengerichte

Hirsebratlinge

150 g Hirse
400 ml Wasser
Salz
1 Schalotte
Öl
1 Knoblauchzehe
4 EL Weizenmehl
2 Eier
Pfeffer
Muskat
Öl zum Braten

Für die Soße:
500 ml Milch
3 EL Mehl
Tamari

Die Hirse in Salzwasser zum Kochen bringen, 20 Minuten ausquellen lassen. Währenddessen die Schalotte hacken und im Öl andünsten. Die Hirse dazugeben, die Knoblauchzehe hineindrücken, mit Mehl, Eiern und Gewürzen vermischen. Bei Bedarf etwas Flüssigkeit zugeben. Das Ganze soll eine feste Konsistenz haben. Aus dieser Masse flache Stücke formen, von beiden Seiten goldbraun braten. Für die Soße die Milch mit dem Mehl unter ständigem Rühren zum Kochen bringen, mit Tamari abschmecken. Dazu Salat servieren.

Gefüllte Pfannkuchen

Für den Teig:
150 g Hirsemehl
2 Eier
250 ml Milch
Salz

Für die Soße:
2 Fleischtomaten
1 EL Öl
Salz
Schnittlauch

Für die Füllung:
1 kg Wirsing
2 Zwiebeln
50 g Leinsamen
30 g Butter
2 EL Crème fraîche
½ TL Kreuzkümmel
50 g geriebener Käse
Fett für die Form

Das Hirsemehl mit den Eiern, der Milch und etwas Salz verrühren, 30 Minuten quellen lassen. Eine Tomate enthäuten und pürieren, mit Öl verrühren und würzen. Die zweite Tomate würfeln und mit dem gehackten Schnittlauch dazugeben. Den Wirsing putzen und kleinschneiden, die Zwiebel würfeln. Beides mit dem Leinsamen in der Butter 5 Minuten dünsten, danach die Crème fraîche dazugeben und abschmecken. Aus dem Hirseteig in heißem Öl 6 dünne Pfannkuchen backen, mit dem Kohl füllen und zusammenrollen. Die Rollen in eine gefettete Auflaufform legen, mit dem Käse bestreuen und bei 250° C 15 Minuten überbacken. Mit der Tomatensoße servieren.

Getreideschnitzel

je 70 g Hirse, Buchweizen und Reis
1 l Wasser
1 Karotte
2 Schalotten
3 Eier
2 EL gehackte Kräuter
70 g feine Haferflocken
Salz
Paprika
Pfeffer
2 EL Sojasoße
Fett zum Braten

Die Getreide in je einem Drittel Liter Wasser getrennt kochen und ausquellen lassen. Die Karotte raspeln, die Schalotten fein hacken. Beides zusammen mit den Eiern, dem Getreide und den Kräutern zu einer steifen Masse verarbeiten. Ist die Konsistenz zu locker, Haferflocken zugeben. Den Teig würzen, mit der Sojasoße abschmecken. In Fett goldgelb braten.

Käseschnitten

200 g Hirse
500 ml Wasser
Majoran
1 Zwiebel
1 EL Butter
1 Ei
Kräutersalz
1 TL Sojasoße
Paprika
100 g Hartkäse
Fett für das Blech

Hirse mit Wasser und Majoran aufsetzen und zum Kochen bringen, 20 Minuten köcheln lassen und bei ausgeschalteter Kochplatte ausquellen lassen. Die Zwiebel fein würfeln, Butter in einer Pfanne erhitzen, die Zwiebel hineingeben und glasig werden lassen. Die gekochte Hirse mit dem Ei und den gedünsteten Zwiebeln vermengen. Mit Kräutersalz, Sojasoße und Paprika abschmecken. Ein Backblech einfetten und die Hirsemasse darauf streichen. Hartkäse raspeln und darüber streuen. Bei 200° C 30 Minuten im Backofen backen. Etwas abkühlen lassen und in Rauten oder Rechtecke schneiden. Mit gedünstetem Gemüse servieren.

Tofubratlinge

200 g Hirse
500 ml Wasser
Salz
1 Karotte
1 Zwiebel
200 g Tofu
1 EL Sojasoße
Muskat
Paprika
frische Kräuter
Fett zum Braten

Die Hirse mit Wasser und etwas Salz zum Kochen bringen, bei geringer Hitze 25 Minuten ausquellen lassen. Die Karotte raspeln, die Zwiebel fein würfeln, beides in einer Schüssel mit der Hirse vermischen. Den Tofu mit einer Gabel zerkrümeln und zusammen mit den Gewürzen unter die Hirsemasse mengen. Die Masse gut durchkneten und mit den Händen kleine Bällchen formen. In einer Pfanne mit etwas Fett goldgelb braten. Mit Kräutern bestreuen und mit frischem Salat servieren.

Kartoffelpuffer

800 g Kartoffeln
80 g Hirseflocken
20 g Sojamehl
2 Eier
1 mittelgroße Zwiebel
Salz
Muskat
Fett zum Braten

Die Kartoffeln schälen, reiben und in einem Sieb abtropfen lassen. Hirseflocken, Sojamehl, Eier und die feingewürfelte Zwiebel mit den Kartoffeln mischen und würzen. In einer Pfanne in heißem Fett die Pfannkuchen von beiden Seiten goldgelb backen.

Weißkohlbratlinge

200 g Hirse
500 ml Wasser
Salz
¼ Weißkohl
1 EL Tahin
1 – 2 EL Sojasoße
½ TL Kräutersalz
¼ TL Muskat
Fett zum Braten

Die Hirse mit Wasser und Salz aufkochen und 25 Minuten ausquellen lassen. Den Weißkohl fein raspeln und mit der Hirse und den anderen Zutaten gut durchmischen. Aus dieser Masse mit etwas bemehlten Händen kleine flache Fladen formen, in Fett hellbraun ausbacken.

Getreidepfanne

100 g Schalotten
2 EL Öl
250 g Lauch
200 g Karotten
200 g grüne Paprika
100 g Champignons
750 ml Gemüsebrühe
je 50 g Hirse, Nackthafer und Reis
Salz
Pfeffer
2 EL Sojasoße
100 g geriebener Käse

Die Schalotten fein schneiden und im Öl andünsten. Das kleingeschnittene Gemüse dazugeben. 10 Minuten dünsten, mit der Brühe aufgießen. Die Getreide dazugeben und 30 Minuten ausquellen lassen. Mit den Gewürzen und der Sojasoße abschmecken. Vor dem Servieren mit Käse bestreuen.

Keimlingpfanne

250 g Hirse
2 Nelken
Curry
500 ml Gemüsebrühe
2 Zwiebeln
1 EL Butter
3 – 4 Tassen Sojakeime (oder andere Keime)
2 Knoblauchzehen
Pfeffer
Salz
frische Kräuter

Die Hirse mit Nelken und Curry in der Gemüsebrühe aufkochen und 20 Minuten quellen lassen. Die Zwiebeln in Ringe schneiden, in der Butter andünsten, nach 5 Minuten die Keime dazugeben, nach weiteren 5 Minuten die Hirse. Die Knoblauchzehen hineindrücken, Pfeffer und Salz dazugeben und alles noch einmal etwa 5 Minuten ziehen lassen, bei Bedarf noch etwas Brühe zugeben. Vor dem Servieren mit Kräutern bestreuen.

Tofupfanne

250 g Karotten
1 kleine Salatgurke
1 Zwiebel
4 EL Öl
200 g Hirse
500 ml Wasser
2 EL Zitronensaft
Salz
Pfeffer
Paprika
200 g Tofu

Die Karotten in dünne Scheiben schneiden. Die Salatgurke schälen und in Würfel schneiden, die Zwiebel ebenfalls würfeln. Die Zwiebelwürfel in heißem Öl in einer großen Pfanne andünsten, die Karotten und die Gurkenwürfel hinzugeben. Die Hirse unter fließend heißem Wasser abspülen, in die Pfanne geben und mit Wasser aufgießen. Zugedeckt 20 Minuten bei kleiner Hitze garen. Mit Zitronensaft und den Gewürzen abschmecken. Zum Schluß den Tofu würfeln und darunterheben.

Topfengratin

250 g Hirse
500 ml Wasser
Salz
300 g Quark (österr. = Topfen)
3 EL Hirseflocken
2 Eier
2 EL Öl
Pfeffer
Paprika
Muskat
Butter
100 g geriebener Käse
Schnittlauch
Petersilie
Fett für die Form

Die Hirse mit dem Wasser und etwas Salz zum Kochen bringen, etwa 30 Minuten ausquellen, dann abkühlen lassen. Quark, Flocken, Eier und Öl untermischen und mit den Gewürzen abschmecken. Die Masse in eine gefettete, flache Auflaufform füllen, mit Butterflocken, geriebenem Käse und frischen Kräutern bestreuen. Im Backofen bei 170° C 40 Minuten überbacken. Mit gedünstetem Gemüse servieren.

Camembertgratin

125 g Hirse
250 ml Wasser
Salz
3 Eier
100 g süße Sahne
2 EL Sojasoße
20 g Butter
100 g Camembert
Fett für die Form

Die Hirse mit dem Wasser und etwas Salz zum Kochen bringen und 20 Minuten ausquellen lassen. Etwas abkühlen lassen und mit den Eiern, der Sahne und der Sojasoße verrühren. Die Masse in eine flache, gefettete Form füllen, mit Butterflöckchen belegen und in den Backofen schieben. Bei 220° C etwa 20 Minuten backen. Den Camembert in Streifen schneiden, die Hirse damit belegen und noch 5 Minuten im Backofen überbacken. Heiß mit einem frischen Salat servieren.

Auberginen mit Kruste

100 g Hirse
250 ml Gemüsebrühe
1 Zwiebel
1 Knoblauchzehe
Thymian
75 g Bergkäse
50 g Sonnenblumenkerne
1 Ei

5 EL süße Sahne
Salz
Cayennepfeffer
400 g Auberginen
400 g Zucchini
3 EL Zitronensaft
2 EL Olivenöl
1 EL Butter
Fett für die Form

Die Hirse mit der Gemüsebrühe zum Kochen bringen und 30 Minuten quellen lassen. Die Zwiebel und die Knoblauchzehe schälen und fein hacken. Zusammen mit dem Thymian, dem geriebenen Bergkäse und den Sonnenblumenkernen zur Hirse geben. Das Ei mit der Sahne verquirlen, mit Salz und einer Prise Cayennepfeffer abschmecken und ebenfalls unter die Hirse rühren. Die Auberginen und die Zucchini waschen, putzen und in Scheiben schneiden. Die Scheiben auf ein gefettetes Backblech legen, mit Zitronensaft und Olivenöl beträufeln und mit der Hirsemasse bestreichen. Mit Butterflöckchen belegen. Das Gemüse im vorgeheizten Backofen bei 180° C etwa 40 Minuten überbacken.

Kalte Hauptgerichte

Lauchsalat

250 g Hirse
600 ml Wasser
Salz
200 g Lauch
100 g Käse
50 g Rosinen
125 g Joghurt
frische Kräuter

Die Hirse in Wasser mit etwas Salz kochen, 15 Minuten quellen lassen. Den Lauch in dünne Ringe schneiden und in etwas Wasser kurz dünsten. Hirse und Lauch abkühlen lassen, den Käse in Würfel schneiden und alles mit Rosinen, Joghurt und Kräutern gut durchmischen.

Wildkräutersalat

250 g Hirse
750 ml Gemüsebrühe
50 g junge Löwenzahnblätter
50 g junge Brennesselblätter
200 g Eisbergsalat
2 Äpfel
Obstessig
frische Kräuter

Die Hirse in der Brühe kochen und ausquellen lassen. Wildkräuter und Salat kleinschneiden, die Äpfel raspeln und mit der Hirse mischen. Mit Essig und Kräutern abschmecken.

Linsensalat

100 g Linsen
500 ml Wasser
100 g Hirse
150 g Staudensellerie
1 Paprika
1 Zwiebel
200 g Sojakeime
150 g gehackte Walnüsse
6 EL Olivenöl
3 EL Obstessig
4 EL Sojasoße
1 TL Senf
Saft einer Zitrone
Pfeffer
Salz
frische Kräuter

Die vorgeweichten Linsen in 250 ml Wasser 45 Minuten garkochen, die Hirse im restlichen Wasser aufkochen und 25 Minuten ausquellen lassen. Sellerie, Paprika und Zwiebel kleinschneiden und mit den Keimen, den Nüssen, der Hirse und den Linsen vermischen. Aus Öl, Essig, Sojasoße, Senf, Zitronensaft und Gewürzen eine Salatsoße mischen, die Kräuter dazugeben und über den Salat gießen.

Sommersalat

100 g Hirse
250 ml Wasser
Salz
5 reife Tomaten
2 grüne Paprika
250 g Joghurt
2 EL Obstessig
2 EL Olivenöl
1 Knoblauchzehe, gepreßt
Kräutersalz
Pfeffer
Basilikum

Die Hirse in Salzwasser aufkochen, 20 Minuten ausquellen und danach abkühlen lassen. Die Tomaten in Scheiben, die Paprika in Würfel schneiden. Mit der kalten Hirse vermischen. Aus Joghurt, Obstessig, Olivenöl, Knoblauch und Gewürzen eine Salatsoße bereiten und unter die Tomaten-Paprika-Hirse heben. Den Salat im Kühlschrank mindestens eine Stunde durchziehen lassen.

Griechischer Salat

75 g Hirse
200 ml Gemüsebrühe
½ Salatgurke
2 Tomaten
5 Oliven
50 g Schafskäse
3 EL Olivenöl
Saft einer halben Zitrone
Kräutersalz
Pfeffer
Oregano
1 Knoblauchzehe

Die Hirse in der Gemüsebrühe aufkochen, ausquellen und abkühlen lassen. Salatgurke und Tomaten in dünne Scheiben schneiden, Oliven entkernen und fein hacken. Das Ganze mit der Hirse vermengen. Den Schafskäse mit einer Gabel zerkrümeln und auf dem Salat verteilen. Olivenöl und Zitronensaft mit Salz, Pfeffer, Oregano und der zerdrückten Knoblauchzehe zu einer Soße rühren. Über den Salat gießen und durchziehen lassen.

Karotten-Apfel-Hirse

75 g Hirse
200 ml Wasser
Salz
4 Karotten
2 säuerliche Äpfel
1 EL Sonnenblumenöl
Saft einer halben Zitrone
2 EL Sonnenblumenkerne

Die Hirse in Salzwasser aufkochen, 20 Minuten ausquellen und abkühlen lassen. Die Karotten und die Äpfel raspeln und unter die Hirse heben. Öl und Zitronensaft darübergießen, durchziehen lassen und mit Sonnenblumenkernen bestreut servieren.

Sprossensalat

50 g Hirse
250 ml Gemüsebrühe
100 g Mungbohnensprossen
1 kleine Zwiebel
3 EL Sonnenblumenöl
1 TL Sojasoße
1 TL Essig
1 Prise Ingwer
½ Bund Petersilie

Hirse in der Gemüsebrühe zum Kochen bringen und ausquellen lassen. Mit den Bohnensprossen vermengen. Die
Zwiebel sehr fein würfeln und unterheben. Aus den restlichen Zutaten eine Marinade bereiten, über den Salat gießen
und mischen.

Erbsenhirse

100 g Hirse
250 ml Gemüsebrühe
50 g Champignons
1 Schalotte
150 g junge gekochte Erbsen
100 g Joghurt
1 EL Sahne
1 TL Zitronensaft
Kräutersalz
Paprika
1 hartgekochtes Ei

Die Hirse in der Gemüsebrühe zum Kochen bringen, 20 Minuten ausquellen lassen. Champignons und Schalotte putzen und kleinschneiden. Mit der Hirse und den Erbsen mischen. Joghurt, Sahne, Zitronensaft und Gewürze verrühren. Das Ei fein hacken, über den Salat verteilen, die Soße darübergießen.

Krautsalat mit Nüssen

75 g Hirse
200 ml Wasser
Salz
¼ Rotkohl
50 g Haselnüsse
100 g saure Sahne
1 EL Öl
Salz
Curry

Die Hirse im Salzwasser aufkochen, ausquellen lassen und abgekühlt verwenden. Den Rotkohl putzen und fein raspeln, die Haselnüsse hacken. Rotkohl und Hirse miteinander vermengen, Haselnüsse unterrühren. Aus der Sahne, dem Öl und den Gewürzen eine Salatsoße bereiten und über den Salat gießen.

Brokkolisalat

75 g Hirse
200 ml Gemüsebrühe
500 g Brokkoli
150 g Joghurt
2 EL süße Sahne
1 EL Honig
Kräutersalz
Pfeffer
50 g Walnußkerne

Die Hirse in der Gemüsebrühe auskochen, ausquellen und abkühlen lassen. Den Brokkoli in kleine Stückchen schneiden, kurz blanchieren und abtropfen lassen. Brokkoli mit der Hirse vermischen. Joghurt, Sahne, Honig und Gewürze verrühren, über den Salat gießen und durchziehen lassen. Mit Walnüssen garnieren.

Rote-Bete-Salat

100 g Hirse
250 ml Wasser
Salz
300 g rote Bete
2 Äpfel
200 g Kefir
2 EL Öl
Ingwer
Anis
Salz
Meerrettich

Die Hirse im Salzwasser zum Kochen bringen, ausquellen und abkühlen lassen. Die rote Bete grob reiben, die Äpfel in kleine Stücke schneiden und beides mit der Hirse vermengen. Kefir, Öl und Gewürze zu einer Soße verarbeiten und unterrühren.

Süßes aus Hirse

Hirsebrei

2 Tassen Hirse
2 Tassen Wasser
3 Tassen Milch
50 g Rosinen
50 g Haselnüsse
1 EL Honig
Saft und Schale einer halben Zitrone
Kardamom
Zimt
Vanille oder Ingwer
Butter für die Form

Die Hirse mit Wasser und Milch aufkochen und 20 Minuten quellen lassen. Eine Auflaufform mit etwas Butter einfetten. Die Hirse mit den übrigen Zutaten mischen und in die Form geben. Im vorgeheizten Backofen bei 180° C auf der mittleren Schiene in 25 Minuten goldgelb überbacken. Mit eingemachtem Obst servieren. Kann warm oder kalt gegessen werden.

Schlaraffenbrei

100 g Hirse
⅜ l Wasser
50 g Trockenfrüchte (Aprikosen, Pflaumen,
*   Feigen, Äpfel)*
50 g abgezogene Mandeln
2 Msp Vanillepulver
250 ml Milch
2 EL Sirup oder Honig
100 ml süße Sahne

Die Hirse über Nacht in 125 ml Wasser an einem kühlen
Platz zugedeckt einweichen lassen. Die Trockenfrüchte waschen, Dörrpflaumen gegebenenfalls entsteinen und in einem anderen Gefäß mit 250 ml Wasser quellen lassen. Am
Morgen das Einweichwasser der Trockenfrüchte zur Hirse
gießen. Die Trockenfrüchte fein schneiden und zufügen.
Die Mandeln grob reiben und mit der Vanille ebenfalls zur
Hirse geben. 15 Minuten bei schwacher Hitze zugedeckt
kochen lassen. Die Milch dazugießen und umrühren. Den
Hirsebrei 15 Minuten zugedeckt ausquellen lassen. Mit Sirup oder Honig nach Geschmack süßen. Die Sahne steifschlagen und unter den Hirsebrei ziehen. Sofort servieren,
damit der Brei schön locker bleibt.

Süße Klöße

200 g Hirse
500 ml Wasser
Salz
200 g Quark
2 EL Honig
100 g Haferflocken

Die Hirse mit Wasser und etwas Salz kochen und ausquellen lassen. Die gegarte Hirse mit Quark, Honig und Haferflocken mischen, bis ein fester Teig entsteht, aus dem sich Klöße formen lassen. Zunächst einen Probekloß machen. Ist der Teig zu weich, mit Haferflocken binden, ist er zu trocken, noch etwas Quark zufügen. Die Klöße in kochendem Wasser ziehen lassen, bis sie an die Oberfläche steigen.

Quarkbällchen

250 g Hirse
500 ml Wasser
Salz
100 g Quark
50 g Weizenmehl
2 EL Honig
Öl zum Braten

Die Hirse in Wasser mit etwas Salz aufkochen und 20 Minuten ausquellen lassen. Den Hirsebrei mit dem Quark, dem Mehl und dem Honig vermischen, so daß ein fester Teig entsteht. Aus dem Teig kleine Bällchen formen und in Öl von beiden Seiten braun backen.

Gefüllte Melone

100 g Hirse
250 ml Milch
2 EL Honig
2 Honigmelonen

Die Hirse in der Milch aufkochen und 20 Minuten quellen lassen. Mit Honig abschmecken. Die Melonen halbieren, entkernen und das Fruchtfleisch herauslösen. Fruchtfleisch pürieren und mit dem Hirsebrei mischen. Die Hirsemasse in die Melonenhälften füllen und mit Sahne oder einer Obstsoße servieren.

Apfelhirse

200 g Hirse
1 l Milch
40 g Honig
abgeriebene Schale einer Zitrone
Salz
500 g Äpfel
20 g Butter
Zimt

Die Hirse in der Milch mit Honig, Zitronenschale und etwas Salz 10 Minuten kochen lassen. Die Äpfel in Stücke schneiden und zu der kochenden Hirse geben. Weitere 15 Minuten kochen lassen, bis die Hirse ganz ausgequollen ist. Den Brei mit geschmolzener Butter begießen und mit Zimt bestreuen.

Apfelpudding

250 g Hirse
750 ml Apfelsaft
Saft einer halben Zitrone
3 EL Honig
2 Eier
2 EL Butter
250 g saure Sahne
Fett für die Form

Die Hirse mit Apfelsaft, Zitronensaft und Honig aufkochen und 20 Minuten quellen lassen. Etwas abkühlen lassen. Die Eier trennen, das Eigelb, die Butter und die Sahne zum Hirsebrei rühren, das Eiweiß zu steifem Schnee schlagen und unterheben. Die Masse in eine gefettete Puddingform geben und gut verschlossen 50 Minuten im heißen Wasserbad garen.

Zimtflammeri

250 g Hirse
500 ml Milch
3 EL Honig
abgeriebene Schale einer Zitrone
½ TL Zimt
4 Eier

Die Hirse mit der Milch, dem Honig, der Zitronenschale und dem Zimt aufkochen und 20 Minuten quellen lassen. Die Eier trennen, das Eiweiß zu Schnee schlagen. Die Eigelb in den Brei einrühren, den Eischnee vorsichtig unterheben. In eine mit kaltem Wasser ausgespülte Form füllen und erkalten lassen. Nicht zu lange stehen lassen, das rohe Eiweiß ist nicht lange haltbar.

Vanillepudding

100 g Hirse
½ Vanilleschote
250 ml Sahne
70 g Butter
4 Eier
50 g Honig
Fett für die Form

Die Hirse fein vermahlen. Vanilleschote aufschlitzen und mit einem Messer das Mark herauskratzen. Das Vanillemark mit der Sahne aufkochen. Die Butter schmelzen, das Hirsemehl dazugeben und die Vanillesahne dazurühren. Die Eier trennen und ein Eiweiß zu der Hirsemasse rühren, abkühlen lassen. Die vier Eigelbe mit dem Honig verquirlen, unter die abgekühlte Hirsemasse rühren. Das übrige Eiweiß zu steifem Schnee schlagen und unterziehen. Die Masse in eine gefettete Puddingform füllen und im Wasserbad 20 Minuten garen. Mit frischem Obst servieren.

Mandelpudding

6 Eier
375 ml Sahne
50 g Butter
75 g Honig
1 Msp Vanille
4 EL gehackte Mandeln
100 g Hirseflocken
Butter für die Form

Die Eier trennen, das Eiweiß zu steifem Schnee schlagen und beiseite stellen. Das Eigelb mit Sahne, Butter, Honig, Vanille und der Hälfte der gehackten Mandeln verrühren. Die Hirseflocken unterrühren. Langsam im Wasserbad erhitzen, bis eine dicke Masse entsteht. Die Creme abkühlen lassen, dabei gelegentlich umrühren. Den Eischnee vorsichtig unterheben. Eine gefettete Puddingform mit den restlichen Mandeln ausstreuen, Hirsemasse hineinfüllen und im heißen Wasserbad 60 Minuten ziehen lassen.

Ingwerauflauf

250 g Hirse
700 ml Wasser
½ TL Salz
½ TL Ingwer
Saft einer Zitrone
abgeriebene Schale einer Zitrone
2 EL Sahne
2 EL Öl
2 EL Honig
2 EL Weizenmehl
2 EL gerösteter Sesam
Fett für die Form

Die Hirse mit Wasser und Salz zum Kochen bringen und etwa 20 Minuten bei kleiner Hitze ausquellen lassen. Die restlichen Zutaten, bis auf den Sesam, unter den Brei rühren und etwas durchziehen lassen. Die Masse in eine gefettete Auflaufform füllen, mit der gerösteten Sesamsaat bestreuen. Im vorgeheizten Backofen bei 180° C 30 Minuten überbacken. Mit frischem Obst oder Kompott servieren.

Rosinenauflauf

150 g Hirse
250 ml Wasser
250 ml Milch
200 g Quark
2 EL Honig
1 TL Zimt
100 g Rosinen
Zitronensaft
1 Ei
Fett für die Form
Paniermehl für die Form

Die Hirse mit Wasser aufkochen, nach 10 Minuten die Milch dazugießen, 20 Minuten bei kleiner Hitze ausquellen lassen. In der Zwischenzeit den Quark mit den übrigen Zutaten gut verrühren. Hirse und Quarkmasse mischen, in eine gefettete, mit Paniermehl bestreute Form geben. Im vorgeheizten Ofen bei 200° C 60 Minuten backen.

Birnenauflauf

200 g Hirse
400 ml Milch
2 EL Honig
3 Birnen
½ TL Zimt
½ TL Ingwer
2 EL Butter
4 EL Nüsse
Fett für die Form

Die Hirse mit der Milch und dem Honig bei kleiner Hitze 10 Minuten köcheln lassen. Die Birnen kleinschneiden und 10 Minuten mitgaren. Die Birnenhirse würzen und in eine gefettete Auflaufform füllen. Mit Butterflocken und den gehackten Nüssen bestreuen. Im Backofen bei 200° C 25 Minuten überbacken.

Apfelsoufflé

250 g Hirse
750 ml Milch
2 EL Honig
1 Prise Salz
500 g Äpfel
3 EL Rosinen
1 EL gehackte Nüsse
2 Eier
abgeriebene Schale einer Zitrone
3 EL Butter
Fett für die Form

Die gewaschene Hirse mit der Milch, der Hälfte des Honigs und dem Salz aufkochen, 20 Minuten ausquellen lassen. Die Äpfel entkernen, in dünne Scheiben schneiden und mit den Rosinen und den Nüssen vermischen. Die Eier trennen, das Eigelb mit der abgeriebenen Zitronenschale und der anderen Hälfte des Honigs schaumig rühren. Diese Masse unter den abgekühlten Hirsebrei heben, das Eiweiß steifschlagen und unterziehen. Die Hälfte der Hirsemasse in eine gefettete Auflaufform füllen, die Apfel-Rosinen-Mischung darauf verteilen, mit der restlichen Hirse bedecken. Mit Butterflöckchen belegen und bei 200° C 60 Minuten überbacken.

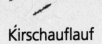

Kirschauflauf

500 ml Milch
200 g Hirse
Salz
2 Eier
50 g Butter
50 g gehackte Nüsse
2 EL Honig
500 g Kirschen
Fett für die Form

Die Milch zum Kochen bringen und die Hirse einrühren, etwas Salz dazugeben und 20 Minuten ausquellen lassen. Die Eier trennen, das Eigelb mit der Butter und dem Honig schaumig rühren. Das Eiweiß zu steifem Schnee schlagen. Zuerst die Eigelbmasse, dann den Eischnee vorsichtig unter den Hirsebrei ziehen. In eine gefettete Auflaufform abwechselnd jeweils eine Lage Hirsebrei und eine Lage der entsteinten, abgetropften Kirschen schichten. Mit Hirsebrei abschließen. Mit den gehackten Nüssen bestreuen und im Backofen bei 180° C 50 Minuten überbacken.

Quarksoufflé

3 Eier
400 g Quark
250 ml Sahne
3 EL Honig
50 g Hirseflocken
Saft und abegeriebene Schale einer halben Zitrone
500 g Obst (Kirschen oder Beeren)
20 g Butter
50 g gehackte Nüsse
Fett für die Form

Die Eier trennen. Aus dem Quark, der Sahne, dem Honig und dem Eigelb eine cremige Masse schlagen. Die Hirseflocken, den Zitronensaft und die abgeriebene Zitronenschale dazurühren. Das Eiweiß steifschlagen und den Eischnee unter die Masse ziehen, das Obst unterheben. Den Teig in eine gefettete Auflaufform füllen, mit Butterflocken belegen und die gehackten Nüsse darüberstreuen. Im vorgeheizten Backofen bei etwa 200° C 60 Minuten backen.

Hirsepuffer

250 g Hirse
500 ml Milch
4 EL Orangensaft
1 EL Rosinen
Weizenmehl
1 Ei
Fett zum Braten

Die Hirse in der Milch kochen, nach 10 Minuten Orangensaft und Rosinen beimischen. Das Ganze so lange weiter-
köcheln lassen, bis eine dicke Masse entsteht. Wenn die
Masse abgekühlt ist, flache Scheiben formen, Weizenmehl
und Ei verquirlen und die Bratlinge darin wälzen. In heißem Fett goldbraun braten.

Fruchtcreme

70 g Hirse
250 ml Wasser
125 ml Milch
1 EL Honig
40 g gemahlene Mandeln
Salz
Vanille
Anis
Koriander
abgeriebene Schale einer halben Zitrone
60 ml süße Sahne
250 g Beerenobst (Erdbeeren, Himbeeren,
    Heidelbeeren usw.)

Die Hirse feinmahlen und mit dem Wasser zum Kochen
bringen. Milch und Honig zufügen und 15 Minuten quellen
lassen. Die Mandeln zum Hirsebrei geben und mit den
Gewürzen und der abgeriebenen Zitronenschale abschmekken. Die Sahne steifschlagen und unterziehen. Die Beeren
in eine Schale geben und mit der Hirsecreme bedecken.

Orangenhirse

250 g Hirse
500 ml Wasser
100 g süße Sahne
2 Orangen
2 Bananen
50 g Rosinen
2 EL Mandeln
1 EL Honig
abgeriebene Schale einer Zitrone

Die Hirse mit Wasser aufkochen und 20 Minuten quellen lassen. Den Hirsebrei abkühlen lassen. Die Sahne steifschlagen. Das Fruchtfleisch der Orangen und die Bananen in kleine Stückchen schneiden. Mit den Rosinen, den gehackten Mandeln, dem Honig und der abgeriebenen Zitronenschale vermischen und in den Hirsebrei einrühren. Die Schlagsahne vorsichtig unterheben. Mit einigen Sahnetupfern garniert servieren.

Carobcreme

60 g Hirse
200 ml Milch
2 EL Honig
1 Ei
2 EL Carobpulver
250 g Himbeeren
250 ml süße Sahne

Die Hirse feinmahlen, mit Milch und Honig zum Kochen
bringen und 15 Minuten quellen lassen. Das Ei gut mit dem
Carobpulver verrühren und vorsichtig unter den etwas abgekühlten Hirsebrei ziehen. Die Himbeeren sorgfältig waschen und verlesen. Die Sahne steifschlagen und vorsichtig
mit den Himbeeren unterheben. Mit Sahnetupfern garniert
servieren.

Tutti Frutti

70 g Hirse
200 ml Wasser
250 ml Milch
2 EL Honig
2 EL Mandeln
3 EL Rosinen
Ingwer
Saft und abgeriebene Schale einer Zitrone
1 Banane
1 Pfirsich
1 Apfel
1 Birne
1 Orange
3 EL Sesam

Die Hirse mit dem Wasser zum Kochen bringen, Milch und Honig zufügen und 15 Minuten quellen lassen. Die Mandeln grob hacken und zusammen mit den Rosinen, dem Ingwer, dem Zitronensaft und der abgeriebenen Zitronenschale unter den Hirsebrei mischen. Das Obst kleinschneiden, mit der Sesamsaat vermischen und in Portionsschälchen anrichten. Die süße Hirse als Häubchen darauf verteilen.

Backen mit Hirse

Pfannkuchen

250 g Hirse
4 Eier
250 ml Milch
1 Prise Salz
1 EL Honig
Fett zum Backen

Die Hirse feinmahlen. Eier, Milch und Salz dazugeben, mit Honig süßen. In einer Pfanne das Fett erhitzen und dünne Pfannkuchen ausbacken.

Quarkpfannkuchen

50 g Magerquark
50 g Butter
3 Eier
250 ml Milch
100 g Hirseflocken
100 g Rosinen
1 Prise Salz
1 EL Honig
etwas abgeriebene Zitronenschale
Fett zum Backen

Alle Zutaten vermischen und abschmecken. Den Teig zu dünnen Pfannkuchen ausbacken. Mit Obst oder Kompott servieren.

Apfelpfannkuchen

250 g Hirse
4 Eier
250 ml Milch
2 EL Honig
1 Prise Salz
3 Äpfel
Kokosfett zum Backen

Die Hirse fein mahlen, mit den Eiern, der Milch und dem Honig verrühren, salzen. Äpfel kleinschneiden und zu dem Teig geben. Den Teig etwa 2 Stunden stehenlassen, dann die Pfannkuchen in heißem Kokosfett ausbacken.

Hirsecrêpes

Zutaten für etwa 10 Crêpes:
100 g Hirse
250 ml Milch
3 EL Sojamehl
3 Eier
250 ml Sahne
1 EL Honig
Mark einer halben Vanilleschote
Fett zum Backen

Die Hirse in der Milch aufkochen und bei geringer Hitze eine halbe Stunde ausquellen lassen. Die übrigen Zutaten dazugeben, alles im Mixer verrühren. In einer Pfanne jeweils etwas Fett erhitzen, Teig hineingießen und die Crêpes etwa 2 Minuten auf jeder Seite goldbraun backen.

Sojapfannkuchen

200 g Hirse
250 ml Wasser
40 g Sojamehl
250 ml ml Milch
4 Eier
1 TL Salz
Muskat
Paprika
frische Kräuter, gehackt
Fett zum Backen

Die Hirse in dem Wasser einweichen und zugedeckt etwa 10 Stunden quellen lassen.

Die gequollene Hirse mit dem Einweichwasser und den übrigen Zutaten (bis auf das Fett) im Mixer zu einem Teig rühren. In einer Pfanne Fett erhitzen und aus dem Teig dünne Pfannkuchen von beiden Seiten ausbacken. Zwischendurch den Teig immer mal umrühren, damit die Hirse sich nicht absetzt. Mit einem Rohkostsalat servieren.

Hirsebrot

150 g Hirse
40 g Haferflocken
40 g Buchweizenmehl
250 g Weizenmehl
50 g Hefe
1 EL Honig
250 ml Milch
1 EL Sonnenblumenöl
1 TL Salz
½ TL gemahlener Anis
Fett für die Form

Die Hälfte der Hirse mit den Haferflocken über Nacht in kaltem Wasser einweichen. Am Morgen die andere Hälfte der Hirse mahlen und zusammen mit dem Buchweizen- und dem Weizenmehl in eine Schüssel geben. In der Mitte eine Mulde formen. Die Hefe mit dem Honig in lauwarmer Milch auflösen, in die Mulde geben und 20 Minuten gehen lassen. Die eingeweichte Hirse, Haferflocken, Öl, Salz und Anis hinzufügen und gut durchkneten. Nochmals 30 Minuten an einem warmen Ort gehen lassen und wieder durchkneten. Eine Kastenform einfetten, den Teig hineingeben, weitere 10 Minuten gehen lassen und 60 Minuten im vorgeheizten Backofen bei 200° C backen.

Fladenbrötchen

100 g Hirse
100 g Weizen
100 g Gerste
1 TL Kümmel
1 TL Fenchel
1 TL Salz
50 g geriebener Käse
2 EL Hefeflocken
3 EL Sonnenblumenöl
300 ml kohlensäurehaltiges Mineralwasser
Sesam, Mohn und Kümmel zum Bestreuen
Fett für das Blech

Die Getreide mit den Gewürzen mittelfein vermahlen, mit dem Salz, dem Käse und den Hefeflocken vermischen. Öl und Mineralwasser dazugeben und alles gut verrühren. Den Teig etwa 3 Stunden quellen lassen. Kleine Brötchen formen, auf ein gefettetes Backblech setzen und mit Sesam, Mohn oder Kümmel bestreuen. Im vorgeheizten Backofen bei 220° C etwa 30 Minuten backen.

Zweikornplätzchen

100 g Hirseflocken
100 g Haferflocken
½ TL Salz
1 TL Zimt
abgeriebene Schale einer Zitrone
250 ml Wasser
Fett zum Braten

Alle Zutaten zu einem glatten Teig rühren und 60 Minuten quellen lassen. In einer Pfanne wenig Fett erhitzen, und mit einem Löffel kleine Flockenhäufchen hineinsetzen. So lange backen, bis sie goldgelb sind. Die Plätzchen können sowohl heiß als auch kalt gegessen werden. Im Kühlschrank aufbewahren.

Tomatenplätzchen

250 g Hirse
500 ml Wasser
½ TL Salz
2 EL Öl
250 g Quark
1 TL Paprika
3 Tomaten
frische Kräuter
Fett für das Blech

Die Hirse in Salzwasser aufkochen und etwa 20 Minuten quellen lassen. Die gegarte Hirse mit dem Öl, dem Quark, und dem Paprika gut vermischen. Aus dieser Masse flache Häufchen von etwa 4 cm Durchmesser formen und auf ein gefettetes Backblech setzen. Die Tomaten in Scheiben schneiden und auf die Hirsehäufchen legen. Mit kleingehackten Kräutern bestreuen. Das Backblech in den vorgeheizten Backofen schieben und die Plätzchen bei 180° C 40 Minuten backen.

Vierkornplätzchen

100 g Butter
4 EL Honig
3 EL Milch
½ TL Zimt
Mark einer halben Vanilleschote
50 g gehackte Nüsse
50 g Weizen
50 g Hirse
50 g Roggen
50 g Dinkel
Fett für das Blech

Die Butter mit dem Honig schaumig rühren, Milch, Zimt und Vanille dazugeben. Die Nüsse eventuell etwas anrösten und unterheben. Die Getreide mischen, fein mahlen und mit dem Butter-Honig-Gemisch verkneten. Den Teig mindestens 4 Stunden kaltstellen. Dünn ausrollen und mit Förmchen oder einem Glas Plätzchen ausstechen und auf ein gefettetes Backblech legen. In den kalten Backofen schieben und bei 180° etwa 15 Minuten backen, bis die Plätzchen hellbraun sind.

Nußbiskuits

100 g Butter
4 EL Honig
2 Eier
125 g Hirse
50 g Weizen
100 g feingemahlene Nüsse
Saft und abgeriebene Schale einer Zitrone
2 EL kohlensäurehaltiges Mineralwasser

Die Butter mit dem Honig und den Eiern schaumig rühren. Das Getreide mischen, fein mahlen und dazugeben. Die übrigen Zutaten unterrühren. Den Teig zugedeckt 2 Stunden quellen lassen. Mit 2 Löffeln kleine Häufchen auf ein ungefettetes Backblech setzen. Das Blech in den kalten Backofen schieben und bei 200° C 25 Minuten backen.

Napfkuchen

250 g Hirse
500 ml Wasser
100 g feingehackte Nüsse
50 g Rosinen
100 g Butter
3 EL Honig
3 Eier
50 g Weizenmehl nach Bedarf
20 g Hefe
Fett für die Form

Die Hirse in Wasser aufkochen und 30 Minuten quellen lassen. Die Hirse mit den Nüssen, den Rosinen, der Butter und dem Honig vermischen und so lange rühren, bis die Masse erkaltet ist. Eier und eventuell etwas Weizenmehl zufügen, damit der Teig gut knetbar wird. Die Hefe in etwas lauwarmem Wasser auflösen und zu dem Hirseteig rühren. Den Teig so lange kneten, bis er nicht mehr an den Händen haften bleibt. Eine halbe Stunde ruhen lassen, in eine gefettete Napfkuchenform füllen und nochmals 1 Stunde gehen lassen. Im vorgeheizten Backofen 45 Minuten bei 180° C backen

Pflaumenkuchen

Für den Teig:
150 g Hirse
100 g Weizen
1 Ei
Salz
125 g Butter
abgeriebene Schale
    einer halben Zitrone
3 EL Honig
Fett für die Form

Für den Belag:
200 g Hirse
500 ml Wasser
200 g Pflaumen
2 EL Honig
abgeriebene Schale
    einer Zitrone
½ TL Salz
50 g gehackte Nüsse

Für den Teig alle Zutaten verkneten und 2 Stunden kaltstellen. Den Teig in einer gefetteten Springform verteilen, einen fingerbreiten Rand hochziehen. Für den Belag die Hirse mit dem Wasser aufkochen und 20 Minuten zugedeckt quellen lassen. Die Pflaumen kleinschneiden, Honig daruntermischen und zur Hirse geben. Abgeriebene Zitronenschale und Salz hinzufügen und die Masse auf dem Mürbeteig verteilen. Mit den Nüssen bestreuen. Bei 220° C 45 Minuten backen.

Apfeltorte

Für den Teig:
150 g Hirse
100 g Weizen
1 Ei
Salz
125 g Butter
abgeriebene Schale
  einer halben Zitrone
3 EL Honig
Fett für die Form

Für den Belag:
500 g Äpfel
75 g Rosinen
100 g gehackte Nüsse
½ TL Zimt
6 EL Honig
2 Eier
250 ml Sahne

Für den Teig Hirse und Weizen fein vermahlen, mit den übrigen Zutaten verkneten und mindestens 2 Stunden im Kühlschrank ruhen lassen. Mit dem Teig eine gefettete Springform auslegen, einen fingerbreiten Rand hochziehen. Für den Belag die Äpfel kleinschneiden. Mit den Rosinen, den Nüssen, dem Zimt und der Hälfte des Honigs vermischen und etwas durchziehen lassen. Die Apfelmischung auf dem Teig verteilen und den Kuchen bei 200° C backen. Die Eier trennen, die Eigelb mit dem übrigen Honig schaumig rühren. Die Sahne dazugeben, das Eiweiß steifschlagen und unterziehen. Nach etwa 25 Minuten Backzeit die Ei-Sahne-Mischung über den Kuchen gießen und alles weitere 25 Minuten backen. Vor dem Auskühlen aufschneiden.

Gemüsekuchen

100 g Hirse
250 ml Wasser
Salz
4 Kartoffeln
3 EL Roggenschrot
1 TL Salz
2 Eier
1 TL Rosmarin
½ TL Muskat

Belag:
3 Karotten
1 Zwiebel
6 Mangoldstiele
125 g saure Sahne
Fett für die Form

Die Hirse mit Salzwasser kochen, die Kartoffeln ebenfalls kochen. Die garen Kartoffeln fein reiben und mit den übrigen Zutaten mischen. Eine Springform fetten und die Masse daraufstreichen.

Karotten raspeln, Zwiebel fein hacken und Mangold kleinschneiden. Das Gemüse mit der sauren Sahne mischen und auf den Teig geben. Alles im vorgeheizten Backofen bei 200° C 40 Minuten backen. Einen Blattsalat zubereiten und als Mittag- oder Abendessen servieren.

Kirschkuchen

Für den Teig:
600 g Weizenmehl
1 Würfel Hefe
1 TL Salz
1 EL Honig
350 ml lauwarmes Wasser
60 g zerlassene Butter
Fett für die Form

Für den Guß:
2 EL saure Sahne
2 Eigelb
1 EL Honig
Zimt
1 EL Quark
1 EL Weizenmehl

Für den Belag:
150 g Hirsemehl
500 ml Milch
Salz
1 EL Honig
200 g entsteinte Kirschen

Für den Teig Mehl in eine Schüssel geben, die Hefe mit Salz und Honig im Wasser auflösen und mit der Butter zum Mehl geben. Den Teig kneten, bis er Blasen wirft und nicht mehr klebt. 20 Minuten zugedeckt gehen lassen, dann nochmals kurz durchkneten. Das Hirsemehl mit der Milch, einer Prise Salz und dem Honig aufkochen und 20 Minuten quellen lassen. Den Hefeteig in eine gefettete Springform geben, einen fingerbreiten Rand hochziehen. Die Hälfte der Hirsecreme auf den Teig streichen, die Kirschen daraufgeben, dann die restliche Hirsecreme darauf verteilen.
Für den Guß alle Zutaten miteinander verquirlen. Die Masse auf den Kuchen gießen. Den Kuchen im vorgeheizten Backofen bei 200° C 30 Minuten backen.

Carobkuchen

Für den Teig:
200 g Hirse
100 g Weizen
250 g Butter
4 EL Honig
4 Eier
1 Päckchen Weinsteinbackpulver
80 g Carob-Pulver
125 ml Milch
150 g gehackte Mandeln
Fett für die Form

Für die Glasur:
50 g Kokosfett
20 g Vollrohrzucker
20 g Carobpulver

Das Getreide sehr fein mahlen. Butter, Honig und Eier schaumig rühren. Hirsemehl, Weizenmehl, Backpulver und Carobpulver mischen und einrühren. Die Milch und die gehackten Mandeln zugeben. Den Teig in eine gefettete Guglhupfform füllen und im vorgeheizten Backofen 60 Minuten backen. Für die Glasur das Kokosfett schmelzen, den Vollrohrzucker sehr fein mahlen und mit dem Carob unter das geschmolzene Kokosfett rühren. Den noch warmen Kuchen mit der Glasur überziehen.

Käsekekse

125 g Hirse
250 ml kohlensäurehaltiges Mineralwasser
70 g Edamer
¼ TL Curry
½ TL Kümmel
½ TL Salz
¼ TL Paprika
1 Msp Pfeffer
2 EL Öl für das Blech

Die Hirse feinmahlen, mit dem Mineralwasser verrühren und 1 Stunde quellen lassen. Den Käse reiben, ein Drittel davon zum Garnieren zurückbehalten. Den restlichen Käse mit den Gewürzen unter den Teig rühren. Den Teig dünn auf ein gefettetes Blech streichen und mit geriebenem Käse bestreuen. Im vorgeheizten Backofen bei 200° C in 7 Minuten backen. Den Teig auf dem Blech schneiden und noch einige Minuten fertigbacken, bis die Kekse goldgelb und knusprig sind.

Müsligebäck

200 g Weizen
50 g Hirse
20 g Weizenkeime
20 g Hefe
1 EL Honig
250 ml Milch
100 g Äpfel
50 g Rosinen
50 g Haferflocken
Haferflocken zum Bestreuen
1 EL Honig
2 EL Sahne
Fett für das Blech

Weizen und Hirse fein mahlen und mit den Weizenkeimen mischen. Hefe und Honig in der lauwarmen Milch auflösen, mit etwas Mehl vermischen und 15 Minuten zugedeckt gehen lassen. Das Mehlgemisch dazugeben und zu einem geschmeidigen Hefeteig verkneten. Nochmals 15 Minuten gehen lassen. Die Äpfel grob raspeln und mit den Rosinen und den Haferflocken unter den Hefeteig kneten. Aus dem Teig mit nassen Händen 8 Kugeln formen und auf ein gefettetes Backblech setzen. Die Kugeln mit Haferflocken bestreuen und mit der Honig-Sahne-Mischung einpinseln. Im vorgeheizten Ofen bei 200° C in 20 Minuten goldbraun backen.

Rezept-Index

Andere Bücher aus dem pala-verlag

Auf die Frage: »Was soll ich heute bloß kochen?« antwortet Irmela Erckenbrecht mit einer Einladung zu einem Erntespaziergang durch den Garten. Das Buch enthält fast zweihundert nach Jahreszeiten geordnete Rezepte zur leckeren Verwertung des Erntesegens.

Irmela Erckenbrecht:
Querbeet
Vegetarisch kochen rund ums Gartenjahr
ISBN: 3-89566-114-7

Ob als Suppe, Salat, Beilage, Hauptgericht, Kuchen oder Dessert, ob gefüllt, gebacken oder mariniert, ob herzhaft oder süß – der Verwendung frischer Zucchini in der vegetarischen Küche sind kaum Grenzen gesetzt.
Mit dieser Sammlung leckerer Rezepte können wir der Zucchinischwemme mit echter Vorfreude entgegensehen.
Mit Cartoons von Renate Alf

Irmela Erckenbrecht:
Zucchini – Ein Erste-Hilfe-Handbuch für die Ernteschwemme
ISBN: 3-89566-121-x

Petra und Joachim Skibbe

Backen nach Ayurveda
– Kuchen,
Torten &
Gebäck
eifrei & vollwertig

P.u.J. Skibbe: **Backen n. Ayurveda**
– Kuchen, Torten & Gebäck
ISBN: 3-89566-126-0

Rolf Goetz

Vegetarisch kochen
– rund ums
Mittelmeer

Rolf Goetz: **Vegetarisch kochen –**
rund ums Mittelmeer
ISBN: 3-89566-128-7

Ute Rabe

Dinkel und Grünkern

Vollwertige
Koch- und Backrezepte

Ute Rabe: **Dinkel und Grünkern**
ISBN: 3-89566-129-5

Angelika Krüger

Vegetarisch kochen
– international

Menüs aus
aller Welt

Angelika Krüger: **Vegetarisch kochen –**
international
ISBN: 3-89566-117-1

pala-verlag • Postfach 11 11 22 • 64226 Darmstadt